数字时代高校媒体资源管理应用研究

王 雪 ◎ 著

东南大学出版社
·南京·

图书在版编目(CIP)数据

数字时代高校媒体资源管理应用研究 / 王雪著.
南京：东南大学出版社，2025.3. -- ISBN 978-7-5766-1308-7

Ⅰ.G219.2

中国国家版本馆 CIP 数据核字第 20252SP341 号

策划编辑：邹　垒　　　　责任编辑：周　娟　　　　责任校对：子雪莲
封面设计：毕　真　　　　责任印制：周荣虎

数字时代高校媒体资源管理应用研究
Shuzi Shidai Gaoxiao Meiti Ziyuan Guanli Yingyong Yanjiu

著　　者	王　雪
出版发行	东南大学出版社
出 版 人	白云飞
社　　址	南京市四牌楼 2 号　邮编：210096　电话：025 - 83793330
经　　销	全国各地新华书店
印　　刷	苏州市古得堡数码印刷有限公司
开　　本	787 mm×1092 mm　1/16
印　　张	9
字　　数	202 千字
版　　次	2025 年 3 月第 1 版
印　　次	2025 年 3 月第 1 次印刷
书　　号	ISBN 978-7-5766-1308-7
定　　价	68.00 元

本社图书若有印装质量问题，请直接与营销部联系，电话：025-83791830。

前言 / Preface

在数字技术蓬勃发展的时代背景下,高校媒体资源管理领域正处于关键的变革转型期。《数字时代高校媒体资源管理应用研究》这部著作应势而生,本书深度聚焦该领域的前沿动态,致力于全面剖析其中涌现的新趋势,应对新挑战并把握新机遇,进而为高校媒体资源的科学管理、高效利用及创新性传播构筑了坚实的理论与实践基石。

当下,新媒体以其数字化特质、强大的互动功能和极快的传播速度,重塑了信息传播的整体架构。高校作为知识创新和人才培育的核心枢纽,其媒体资源呈现出多元繁杂的态势,囊括文字、图像、音频、视频等诸多种类,这些资源在教学活动、科研工作以及校园文化塑造进程中发挥着不可或缺的支撑作用,更是高校对外彰显特色、提升声誉的核心媒介。但伴随媒体资源呈爆发式扩充,如何对其实施科学规划、深度挖掘、高效运用及创新传播,已成为高校亟待攻克的关键难题。

本书紧扣数字时代高校媒体资源管理这一核心论题,首先系统阐释新媒体的内涵、演进路径、类型划分及传播范式,为洞察高校媒体生态奠定根基。进而深度探究高校媒体资源管理的变革诱因、资源属性与架构特征,以及融媒体平台的构建战略,从理论维度梳理出完备的管理体系框架。详细解析高校媒体资源数字化全流程,涵盖采集、整合、存储、检索、共享及应用各环节,结合丰富实例与前沿技术剖析,给出切实可行的实操指南与实践范例。

在教学应用层面,本书明晰展示媒体资源于课程开发、教学设计革新、教学互动强化及评价体系完善等方面的助力机制,有力驱动教育质量进阶。于宣传文化建设范畴,深入解读其在校园形象雕琢、品牌拓展、文化传承创新等维度的关键效能与实践策略,助力高校塑造独特文化标识。

无论是高校媒体管理从业者、教育教学工作者,还是专注于高校媒体研究的学者,均能从本书汲取珍贵的知识养分与实践启迪。期冀本书成为高校媒体资源管理的核心指引,激发更多的创新实践与学术探索,助力高校媒体于数字时代活力涌流、魅力彰显,为高校可持续发展持续赋能。

目录
Contents

第一章　新媒体概述 ·· 001
 第一节　新媒体的概念与内涵 ·· 003
 第二节　新媒体的发展历程与背景 ··· 005
 第三节　新媒体的主要类型与平台 ··· 009
 第四节　新媒体的信息生产与传播模式 ··· 015
 第五节　新媒体的受众特征与行为分析 ··· 018

第二章　高校媒体资源管理 ··· 021
 第一节　数字时代高校媒体资源管理的变革背景 ····························· 023
 第二节　高校媒体资源的类型与特点 ·· 027
 第三节　高校媒体资源管理组织架构 ·· 030

第三章　高校融媒体平台搭建策略 ·· 035
 第一节　高校融媒体建设的背景与意义 ··· 037
 第二节　高校融媒体平台的需求分析与定位 ··································· 039
 第三节　数字时代高校媒体资源管理的基础架构 ····························· 044

第四章　高校媒体资源的数字化采集与整合 ·· 049
 第一节　高校融媒体平台的内容生产与管理 ··································· 051
 第二节　高校融媒体平台的传播策略与渠道整合 ····························· 056
 第三节　高校融媒体平台的运营与维护 ··· 059

第五章　高校媒体资源的存储与组织管理 ··· 065
 第一节　存储模式与策略 ·· 067
 第二节　资源组织架构与分类体系 ·· 071

第六章　高校媒体资源的检索与共享服务 ··· 077
第一节　检索技术与工具 ··· 079
第二节　共享平台与服务模式 ··· 092

第七章　高校媒体资源在教学中的创新应用 ··· 101
第一节　课程资源开发与教学设计 ··· 103
第二节　教学互动与评价 ··· 108

第八章　高校媒体资源在宣传与文化建设中的应用 ··· 117
第一节　校园形象塑造与品牌推广 ··· 119
第二节　校园文化传承与创新 ··· 128

参考文献 ··· 137

第一章

新媒体概述

第一节　新媒体的概念与内涵

一、新媒体的概念

新媒体是相对于传统媒体而言的,是利用数字技术、网络技术、移动技术,通过互联网、无线通信网、卫星等渠道以及电脑、手机、数字电视机等终端,向用户提供信息和娱乐服务的传播形态和媒体形态。

1. 从技术层面来看

其建构于现代信息技术基石之上,诸如互联网协议(IP)技术,该技术可促使信息于全球范围内实现高效传输。以网站为例,超文本传输协议(HTTP)能够确保网页内容在不同服务器与客户端之间迅速传递[1]。与此同时,云计算技术为新媒体平台赋予了强大的存储与运算效能,使其得以妥善存储并处理海量的文本、图像、视频等数据信息。

移动技术亦构成新媒体的关键支撑要素。例如,4G/5G 网络技术可使智能手机在任意时空接入高速网络,用户借助各类移动应用(App)能够便捷地获取新闻资讯、观赏视频直播等内容[2]。以抖音这类短视频平台为例,用户即便处于移动状态,亦能流畅地浏览与发布短视频,此皆归因于先进的移动通信技术。

2. 从传播渠道角度来看

互联网构成新媒体最为核心的传播渠道。社交媒体平台如微博、微信等,借助互联网达成用户间的互联互通。微博的信息传播依托网页与移动客户端展开,用户所发布的信息能够在短时间内被众多关注者接收,并借助转发等方式迅速蔓延扩散。

无线通信网极大地拓展了新媒体的传播疆域。手机媒体凭借无线通信网络实现信息的收发,用户既能够通过短信、彩信等形式接收新闻推送,亦可以利用手机浏览器或专门的新闻 App 获取资讯信息[3]。随着移动互联网的持续演进,无线通信网与互联网之间的界限渐趋模糊,二者相互交融为新媒体开辟了更为广袤的传播空间。

3. 从终端设备方面来看

电脑是早期新媒体的重要终端设备。用户借助台式电脑或笔记本电脑可开展网站浏览、参与在线论坛等活动。例如,在早期互联网论坛盛行时期,网民主要通过电脑在电子公告牌系统(BBS)上发表个人见解、分享各类资源。

智能手机与平板电脑的问世深刻变革了新媒体的整体格局。二者具备便携性与多功

---

[1] 孙海悦. 新技术新模式为新媒体带来创新发展动力[N]. 中国新闻出版广电报,2024-12-09;3.
[2] 吴恩东. 浅析新媒体背景下短视频助力主流媒体的发展路径[J]. 今传媒,2024,32(11):43-46.
[3] 黄楚新,陈玥彤. 深度媒介化:中国新媒体发展新方向[J]. 新闻论坛,2024,38(5):7-10.

能性特质,用户能够随时随地利用这些设备开展社交互动、娱乐消遣以及学习探究等多元活动。数字电视机亦属于新媒体终端的一种类型,智能电视不仅能够接收传统电视频道信号,还可借助网络连接访问丰富多样的在线影视、教育等内容资源。

二、新媒体的内涵

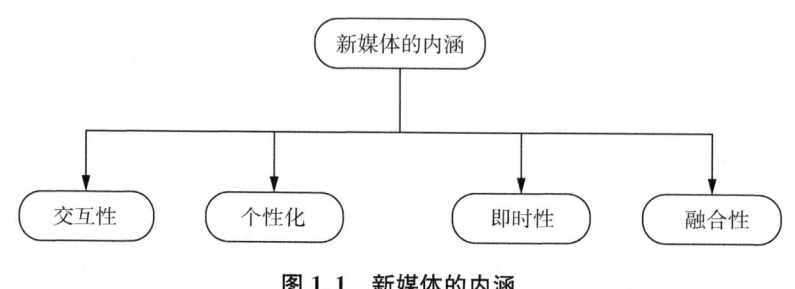

图 1.1　新媒体的内涵

1. 交互性

交互性是新媒体最为显著的内涵特质之一,与传统媒体的单向传播模式存在本质差异,新媒体支持用户之间以及用户与媒体内容创作者之间展开双向乃至多向的互动交流。于社交媒体平台之上,用户能够针对所发布的内容进行评论、点赞与转发操作。例如,在某篇微信公众号文章之下,读者可留言阐述自身观点,而作者亦能够回复读者评论,此类互动构建起一个动态化的交流空间。

此外,用户还可积极参与到内容创作过程之中。以维基百科这类平台为例,用户能够参与编辑并完善词条内容,充分彰显了新媒体的交互特性。这种交互性打破了传统媒体中信息传播者与接收者之间的固有界限,使得受众群体不再仅仅是被动的信息接纳者,而能够主动融入信息的传播与创造流程之中①。

2. 个性化

新媒体具备依据用户兴趣、行为习惯及偏好提供个性化内容的能力。以新闻资讯类 App 为例,其可基于用户的浏览历史、搜索记录等数据信息,借助算法为用户精准推荐可能感兴趣的新闻话题②。今日头条便是充分运用大数据与人工智能算法,为每一位用户量身定制个性化的新闻信息流。

与此同时,新媒体平台亦支持用户开展个性化设置操作。例如,用户在微博等社交平台上可自主选择关注自身感兴趣的人物、话题及领域,进而定制专属自身的社交与信息获取空间。此类个性化服务能够有效满足不同用户的多样化需求,助力用户在海量信息中迅速定位并获取自身所需内容。

---

①　朱磊. 新媒体的发展动向与优化路径[J]. 新闻文化建设,2024(9):11-13.
②　简翊竹. 新媒体背景下类型化广播的发展研究[J]. 西部广播电视,2022,43(11):63-65.

3. 即时性

新媒体在信息传播速度方面展现出巨大优势。相较于传统媒体须历经采编、审核、排版等一系列繁复流程方可发布信息,新媒体能够在最短时间内将信息传递至受众端,一旦新闻事件发生,新媒体平台能够近乎实时地将信息传播至受众群体。例如,在突发新闻事件现场,记者或现场目击者可通过手机即时将文字、图片或视频等信息发布至社交媒体平台或新闻客户端之上。

又如,在体育赛事直播场景中,观众可借助手机直播软件实时观看比赛进程,并且能够同步查阅其他观众的评论与讨论内容,这种即时性特征可使用户及时洞悉世界动态并深度参与相关话题的探讨交流。

4. 融合性

新媒体实现了多种媒体形式的有机融合。其将文字、图像、音频、视频等多元化信息呈现方式予以有机整合。例如,在某一在线教育课程中,既可能包含教师讲解的视频内容,又可能涵盖课程相关的文字资料、图表展示以及互动式小测验的音频提示等要素。

与此同时,新媒体亦有力推动了不同媒体行业之间的融合发展。传统媒体机构如电视台、报社等纷纷布局新媒体业务领域,将自身所拥有的内容资源借助网络平台进行传播推广,并积极与新兴互联网公司展开合作。例如,电视台与视频网站携手推出综艺节目网络版,报社通过微信公众号等平台发布新闻内容,从而达成传统媒体与新媒体的深度融合与协同发展。

第二节 新媒体的发展历程与背景

一、新媒体的发展历程

1. 计算机与网络技术奠基期(20世纪60年代至90年代初)

20世纪60年代末,美国国防部高级研究计划局(DARPA)开发的阿帕网(ARPANET)奠定了互联网的雏形,最初用于军事研究机构间的数据传输与共享。随着技术不断演进,计算机逐渐从大型科研机构走入高校、企业等更广泛领域,网络协议不断完善,诸如TCP/IP协议在1983年成为阿帕网标准协议,让不同网络设备能互联互通,为后续互联网大规模普及筑牢根基。

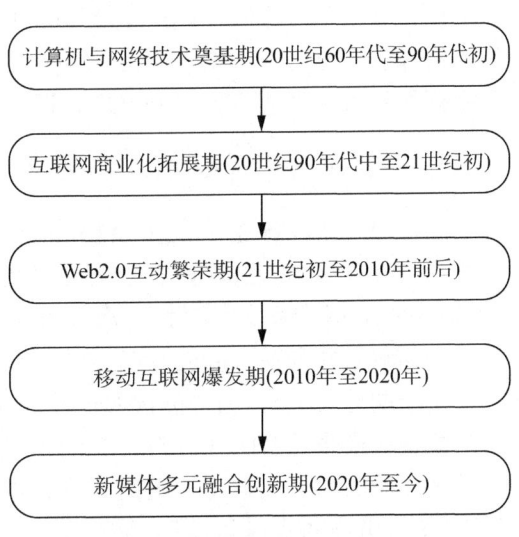

图1.2 新媒体发展历程

这一阶段，电子邮件在70年代诞生，成为早期网络人际沟通重要工具；电子公告牌系统（BBS）于70年代末至80年代兴起，用户能在特定主题板块发布文字信息、交流观点，尽管其界面简陋、功能单一，却开启了网络社区互动先河，像惠多网等早期BBS平台在国内培养了第一批网络社交活跃人群。

2. 互联网商业化拓展期（20世纪90年代中至21世纪初）

1995年被视为世界互联网商业化元年。1994年11月美国网景公司上市，浏览器的普及让普通民众轻松入网，此后各类商业网站如雨后春笋般涌现。搜索引擎雅虎（1994年创立）引领网民便捷查找信息；电子商务起步，亚马逊（1995年成立）和易贝（1995年上线）开创线上购物模式，改变传统消费习惯。

国内在90年代末互联网建设加速：新浪、搜狐、网易等门户网站崛起，整合新闻资讯、电子邮箱、论坛等多元服务，成为网民获取信息、休闲娱乐主阵地；即时通信软件QQ问世（1999年），凭借免费、易用迅速积累海量用户，重塑人际沟通模式，线上社交圈开始形成，人们跨越地理限制实时畅聊，网络社交生态初现轮廓。

3. Web 2.0互动繁荣期（21世纪初至2010年前后）

Web 2.0强调用户生成内容（UGC）与互动参与。博客热潮席卷全球，2000年前后博客平台Blogger等兴起，国内博客网、新浪博客等吸引各界人士开博分享生活感悟、专业见解，个体话语权放大，草根创作者崭露头角，舆论生态更趋多元。

社交网络蓬勃发展。国际上2004年Facebook创立，以校园社交起步构建庞大社交图谱，革新社交互动方式；国内人人网（原校内网）主打校园社交，开心网靠社交游戏风靡一时，人们热衷于在虚拟社交空间展示自我、维系人脉，信息传播从网站推送转为用户社交分享驱动，热点话题生成与扩散速度飙升。

视频分享平台崛起。国际上YouTube 2005年上线，激发了全民创作短视频、微电影的热情；国内土豆（2005年）、优酷（2006年）紧跟其后。视频传播让娱乐内容更直观生动，影视创作不再是专业机构专利，UGC视频丰富网络视听，网络文化愈发多元包容。

4. 移动互联网爆发期（2010年至2020年）

2010年以后，智能手机普及搭配3G、4G网络升级，移动互联网重塑新媒体格局。2010年iPhone4的发布助推智能手机性能飞跃，各类App如井喷式涌现。微信在2011年推出，融合社交、支付、公众号内容生态等多功能，成为国民级应用，小程序进一步拓展应用场景便利性；移动新闻客户端如今日头条借助算法推荐精准推送个性化资讯，颠覆传统新闻分发模式，用户阅读习惯碎片化、定制化。

短视频迎来黄金时代。抖音2016年上线，快手深耕多年后爆发，凭借简易创作工具、沉浸式体验吸引全民参与。电商直播顺势崛起，头部主播引领直播带货潮流，消费场景从线下、传统电商向直播间迁移，重塑零售产业链。共享出行、外卖等生活服务类App改变日常住行模式，新媒体深度嵌入生活全场景，线上线下边界模糊。

5. 新媒体多元融合创新期(2020年至今)

5G技术商用开启超高速、低延迟网络新时代,赋能新媒体更深层次变革。虚拟现实(VR)/增强现实(AR)技术走向成熟,在文旅、教育、娱乐领域广泛应用,博物馆推出线上VR展览,教育机构开展沉浸式远程教学;人工智能创作从文字生成向图像、视频拓展,AI绘画、虚拟数字人直播成为热门,柳夜熙等虚拟主播吸睛无数,丰富内容产出形式。

跨平台整合加速,社交媒体与电商融合催生社交电商新玩法,短视频平台内一键购物常态化;传统媒体与新媒体深度融合打造融媒体矩阵,电视台融媒体直播带货助农、报社线上线下互动办展,媒体边界消融,内容传播多渠道共振,受众全方位参与,新媒体持续迭代创新,深度渗透经济社会各层面。

二、新媒体的发展背景

1. 技术驱动核心力量

于新媒体的发展进程中,技术层面的驱动构成其核心推动力量。

其一,通信技术历经显著飞跃。自模拟信号逐步过渡至数字信号后,通信技术持续演进,2G时代开启语音通信新纪元,3G时代实现移动数据的初步广泛普及,4G时代则达成高速网络的成熟运作,至5G时代,其具备的超低延迟与海量连接特性,极大地提升了网络速度与稳定性。此等技术进阶为新媒体的实时高清直播、大流量视频传输以及万物互联愿景提供了坚实的物理底层支撑,显著增强了手机直播的流畅度,并大幅提升了VR实时交互的响应效能[①]。

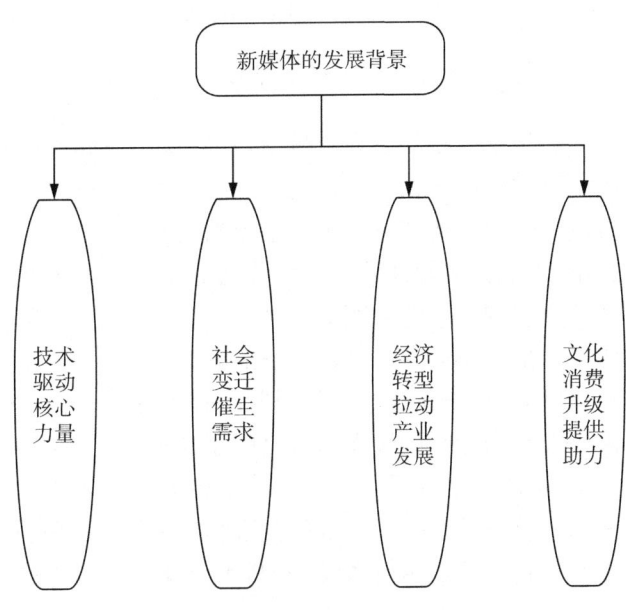

图1.3 新媒体的发展背景

其二,计算机处理能力呈持续上扬态势。芯片制程不断缩减,遵循摩尔定律的发展轨迹,高性能的中央处理器(CPU)与图形处理器(GPU)应运而生,其能够在瞬时完成复杂图形渲染与大数据运算任务。这不仅确保了视频剪辑软件的流畅运行,亦使得社交媒体所涉及的海量数据可在秒级时间范畴内得以高效处理,有力推动了新媒体内容创作的精细化发展进程,并促使个性化算法得以高效运转。

---

① 刘萍娉.新媒体艺术的类型特征探究[J].青春岁月,2021(20):70-71.

2. 社会变迁催生需求

社会结构的变迁亦成为新媒体发展需求的重要催生因素。一方面,是城市化进程的加速与快节奏生活模式的形成。伴随着城市人口的高度聚集,人们的生活节奏显著加快,休闲时间呈现碎片化特征。新媒体移动端所具备的便捷性特质恰好契合了大众在碎片化时间内随时随地获取信息与开展娱乐活动的需求。诸如在上下班途中浏览短视频、乘坐地铁时阅读公众号推文等行为已成为现代日常生活的常见场景,而传统媒体定时定点的消费模式则难以与之相适配。

另一方面,是社会多元化发展趋势与个性化表达诉求的凸显。在现代社会中,价值观呈现多元化格局,个体愈发渴望表达自身独特观点并展现小众兴趣爱好。新媒体平台的兴起为每一个个体赋予了平等的发声契机,小众文化领域如二次元文化、古风文化等得以在网络空间中寻觅到适宜的社群发展土壤,亚文化借助新媒体渠道呈现蓬勃发展的态势,从而打破了主流文化单一统治的格局。

3. 经济转型拉动产业发展

在经济转型的宏观背景下,新媒体产业亦深受其拉动影响。其一,数字经济的强势崛起。全球经济体系正逐步向数字化转型,新媒体作为数字产业的关键构成部分,成为广告投放的新兴重要载体。企业在运营过程中,电商直播带货与线上品牌推广的需求呈现迅猛增长态势,新媒体营销已然成为企业实现增长的新兴关键引擎。以 2023 年为例,直播电商交易规模已达数万亿元之巨,这一趋势有力刺激了新媒体内容创作、技术服务等上下游产业链的协同共进与融合发展。

其二,创新创业热潮的涌起。在当下相对宽松的创业环境中,新媒体领域因其较低的准入门槛与较高的潜在回报吸引了大量创业者纷至沓来。资本的逐利天性促使其积极注入新媒体行业,在早期阶段扶持了诸如今日头条、滴滴出行等独角兽企业,近年来则聚焦于与元宇宙、Web 3.0 等新兴概念相关的创业项目。此等资本与创业活力的持续涌入为新媒体持续注入新鲜血液,不断拓展其商业模式的边界与可能性。

4. 文化消费升级提供助力

文化消费领域的升级态势亦为新媒体发展提供了助力。一方面,文化消费对品质的追求日益凸显。伴随着居民收入水平的稳步提升,文化消费呈现升级趋势,消费者对内容品质与审美标准提出了更高要求。精品网剧、深度知识付费课程等高品质文化产品备受青睐。新媒体环境下的竞争压力倒逼内容创作者着力提升自身专业素养,精心打磨优质内容,促使内容创作模式从低俗快餐式逐步向深度内涵式转变[①]。例如,"得到"App 所提供的知识付费产品,便是通过精心打磨专业知识服务以契合市场需求的典型案例。

另一方面,文化全球化融合进程加速。全球化浪潮的推进促使不同文化之间的交流

---

① 李南南. 新媒体语境下动态标志的表现类型[J]. 西部皮革,2021,43(12):93-94.

互动愈发频繁,海外影视、动漫、音乐等文化产品借助新媒体平台大量涌入国内市场。与此同时,国内网文、短视频等文化作品亦积极出海传播。如 TikTok 在全球范围的广泛风靡,便是文化全球化融合背景下新媒体影响力扩张的生动例证。多元文化的相互碰撞与深度融合极大地丰富了新媒体的内容资源池,激发本土创作力量借鉴国际潮流开展创新实践,进而拓展了新媒体内容的全球视野受众群体范围。

第三节　新媒体的主要类型与平台

一、新媒体的主要类型

1. 社交媒体

(1) 社交网络平台

这是一种基于人际关系网络构建的新媒体类型。用户可以创建个人资料,添加好友或关注感兴趣的人,通过分享状态、照片、视频等内容来进行社交互动。例如 Facebook,它拥有庞大的全球用户群体,用户可以在上面与朋友、家人保持联系,分享生活点滴,还可以加入各种兴趣小组,如读书俱乐部、运动爱好者小组等,围绕共同的兴趣展开讨论。

在中国,类似的平台有微信。微信是一个社交网络平台,融合了多种功能。用户可以通过朋友圈发布文字、图片、视频等内容,这些内容的可见范围可以根据用户的设置进行个性化定制,如仅好友可见、部分好友可见或公开等。而且微信的公众号功能也非常强大,它可以看作一个自媒体平台,许多机构和个人通过公众号发布文章、资讯等内容来吸引粉丝关注。

(2) 微博客平台

微博客以简短的文本(通常限制在一定字符数内)、图片、视频等形式发布信息。它的特点是信息传播速度极快,能够在短时间内让大量用户看到。例如,X 是全球著名的微博客平台,许多名人、政治家、企业等都会通过 X 发布即时消息,这些消息可以通过用户的转发迅速扩散。

在中国,微博也是重要的微博客平台。它在新闻传播、明星动态发布、话题讨论等方面发挥着重要作用。用户可以通过关注感兴趣的人或话题,及时获取最新信息[1]。例如,在重大事件发生时,微博上会迅速形成相关话题,用户可以在话题下发表评论、分享观点,这种互动式的传播方式使得微博成为信息的重要集散地。

2. 内容社区

(1) 图文内容社区

内容社区是指以文字和图片为主要内容和形式的社区,其用户主要围绕特定的主题

---

[1] 任淼. 我国新媒体受众媒介素养浅析及思考[J]. 新闻前哨,2020(3):64-65.

分享知识、经验、创意等内容。例如知乎，它是一个知识问答社区，用户可以提出各种问题，其他用户可以根据自己的知识和经验进行回答。这些回答往往会包含详细的文字解释和相关的图片、图表等辅助说明，以帮助提问者更好地理解。知乎的内容涵盖了各个领域，如科技、文化、生活、艺术等，它通过高质量的内容吸引了大量用户，并且形成了一种专业、理性的社区氛围。

豆瓣也是一个典型的图文内容社区，它以书籍、电影、音乐等文化产品的评价和讨论等相关内容为主要特色。用户可以在豆瓣上对看过的书籍、电影等进行评分和评论，还可以加入各种兴趣小组，如"推理小说爱好者小组""经典电影赏析小组"等，与同好进行深入的交流。豆瓣的影评、书评等内容往往具有较高的质量，对文化产品的传播和推广起到了重要作用。

(2) 视频内容社区

这类社区以视频为主要内容载体，用户可以上传、分享和观看各种类型的视频。YouTube是全球最大的视频内容社区，它涵盖了几乎所有类型的视频内容，包括但不限于娱乐、教育、科技、生活、游戏等。许多创作者通过YouTube建立自己的频道，定期发布视频内容，吸引粉丝订阅。这些创作者可以通过广告收入、粉丝打赏等方式获得收益。

在中国，哔哩哔哩(Bilibili)是深受年轻人喜爱的视频内容社区。哔哩哔哩的内容具有鲜明的特色，除了动漫、游戏等传统优势领域外，还涵盖了知识科普、生活记录、影视剪辑等多种类型的视频。它的弹幕功能是一大特色，用户在观看视频时可以发送弹幕表达自己的想法和感受，这种互动方式增强了观众的参与感和视频的趣味性。

3. 新闻媒体

(1) 传统新闻媒体的新媒体平台

许多传统的报纸、电视台等新闻媒体机构纷纷推出自己的新媒体平台，将传统媒体的内容优势与新媒体的传播优势相结合。例如，《纽约时报》的官方网站和手机应用程序不仅提供报纸上的新闻内容，还会根据新媒体的特点进行内容优化和更新。这些平台会利用多媒体技术，如在新闻报道中加入视频、音频、互动图表等元素，使新闻更加生动、直观[1]。

在中国，《人民日报》等传统媒体也通过官方微博、微信公众号、手机客户端等新媒体平台扩大新闻传播范围。《人民日报》的微博账号在重大新闻事件的传播中发挥了重要作用，它通过及时发布新闻、配上简短有力的文案和相关图片或视频，能够在短时间内获得大量的转发和评论，引导社会舆论。

(2) 新兴新闻媒体平台

以数字技术和互联网为基础的新兴新闻媒体平台采用全新的新闻采编和传播方式。例如今日头条，它通过算法推荐技术，根据用户的浏览历史、兴趣爱好等因素，为用户推荐个性化的新闻内容。这种推荐方式使得用户能够更快地找到自己感兴趣的新闻，提高了

---

[1] 汪慧君.论新媒体受众的特点及其对内容生产与运营的影响[J].西部广播电视，2019(4):30-31.

新闻的阅读效率。

澎湃新闻也是新兴新闻媒体平台中的代表,它以深度报道、调查新闻为特色。澎湃新闻的内容具有较高的质量和深度,在一些重大社会事件、时政新闻等方面进行深入挖掘和报道,为用户提供了全面、客观的新闻资讯。

4. 电子商务平台

(1) 综合电商平台

这类平台提供丰富多样的商品和服务,涵盖了各个品类,如服装、数码产品、家居用品、食品等。亚马逊是全球著名的综合电商平台,它拥有庞大的商品库存和完善的物流配送体系。用户可以在亚马逊上轻松搜索到自己需要的商品,并且可以通过用户评价等信息来判断商品的质量。亚马逊还推出了会员服务,为会员提供诸如免费配送、专属优惠等特权,提高用户的忠诚度。

在中国,淘宝和京东是两大主要的综合电商平台。淘宝以其丰富的商品种类和众多的中小卖家而闻名,它为个体商家提供了一个便捷的创业平台。京东则以正品保障和高效的物流服务受到用户的青睐,特别是在数码产品等品类上,京东的品牌信誉度较高。这两个平台都在不断拓展业务领域,如电商直播、跨境电商等,以适应新媒体时代的发展需求。

(2) 垂直电商平台

垂直电商平台专注于某一特定领域或行业的商品和服务。例如,寺库专注于奢侈品电商领域,它为用户提供了包括奢侈品包包、服饰、手表等在内的高端商品。寺库在奢侈品鉴定、售后服务等方面具有专业的团队和流程,以确保用户在购买到正品的同时,也能享受到优质的服务。

母婴电商平台如贝贝网,它针对母婴群体的需求,提供了婴儿奶粉、纸尿裤、儿童玩具、孕妇装等一系列商品。贝贝网通过精准的用户定位和社区化的运营方式,为妈妈们提供了一个交流育儿经验、分享商品评价的平台,同时也方便她们购买到适合宝宝和自己的商品。

二、新媒体的主要平台

1. 微信

(1) 功能特点

微信是一个多功能的社交媒体平台,其核心功能包括即时通信、朋友圈分享、公众号阅读等。在即时通信方面,它支持文字、语音、视频通话等多种沟通方式,并且可以创建各种群,方便多人交流。朋友圈则是用户展示自我和社交互动的重要空间,用户可以发布各种形式的内容,如照片、视频、文字等,还可以对好友的内容进行点赞、评论。公众号功能为内容创作者提供了一个发布文章、推广品牌等的平台,用户可以通过关注感兴趣的公众号获取各种资讯。

(2) 用户群体和应用场景

微信的用户群体非常广泛,涵盖了各个年龄段和社会阶层。在日常生活中,人们使用微信与家人、朋友保持联系,分享生活中的喜怒哀乐。在工作场景中,许多企业会利用微信的企业微信功能进行内部沟通、客户管理等。此外,微信的支付功能也让它在移动支付领域占据重要地位,用户可以通过微信支付购买商品,支付水电费等各种费用,这使得微信成为人们生活中不可或缺的一部分。

2. 微博

(1) 功能特点

微博的主要功能是发布和传播短消息。用户可以通过140字(现在有所放宽)左右的文字,结合图片、视频等多媒体元素,快速发布自己的想法、动态或新闻资讯。微博的话题功能非常强大,用户可以通过参与话题讨论来扩大自己的影响力或获取特定主题的信息。此外,微博还设有热门榜单,展示当前最受关注的话题、人物、事件等,方便用户及时了解社会热点。

(2) 用户群体和应用场景

微博的用户主要以年轻人和"明星"、"网红"、媒体人等公众人物为主。对于年轻人来说,微博是他们关注"明星"动态、参与潮流话题讨论的重要平台。"明星"和"网红"则利用微博来维护自己的粉丝群体,发布工作动态、宣传作品等。媒体人通过微博发布新闻线索和独家报道,能够在短时间内引起广泛关注,对于新闻的传播和舆论的引导起到了关键作用。

3. 知乎

(1) 功能特点

知乎的核心功能是知识问答。用户可以提出各种各样的问题,问题的类型涵盖了几乎所有领域,如科技、人文、生活、职场等。其他用户可以根据自己的知识和经验进行回答,回答可以是长篇的文字解释,也可以包括相关的图片、图表、链接等辅助说明。知乎还设有专栏功能,一些专业人士或优秀的创作者可以在专栏中发布系列文章,分享自己的见解和经验。此外,知乎的社区管理比较严格,通过点赞、反对、评论等机制来保证内容的质量。

(2) 用户群体和应用场景

知乎的用户群体以知识型人群为主,包括学生、专业人士、学者等。在学习场景中,学生可以通过知乎搜索学习方法、专业知识等相关问题的答案,拓宽自己的知识面。在工作场景中,职场人士可以在知乎上分享工作经验、交流职业发展心得。对于专业人士来说,知乎是一个展示自己专业知识、建立个人品牌的平台,他们可以通过回答问题、发布专栏文章来提升自己在行业内的知名度。

4. 哔哩哔哩

(1) 功能特点

哔哩哔哩以视频播放为核心功能,它的视频内容丰富多样,包括动漫、游戏、知识科普、生活记录、影视剪辑等。哔哩哔哩的弹幕功能是其最大的特色之一,用户在观看视频时可以发送弹幕,弹幕内容可以是对视频内容的评论、吐槽、解释等。这种弹幕互动方式不仅增强了观众的参与感,还能让用户在观看视频的过程中获得更多的乐趣。此外,哔哩哔哩还设有会员制度,会员可以享受更高清的视频画质、独家内容等特权。

(2)用户群体和应用场景

哔哩哔哩的用户主要是年轻人,尤其是青少年群体。在娱乐场景中,用户可以在哔哩哔哩观看动漫、游戏视频等,满足自己的休闲娱乐需求。在学习场景中,许多知识科普类视频受到学生和自学者的欢迎,如物理知识讲解、历史纪录片等。对于创作者来说,哔哩哔哩是一个展示自己创意和才华的平台,他们可以通过制作优质的视频来吸引粉丝,并且通过平台的激励机制获得收益。

5. 今日头条

(1)功能特点

今日头条的主要功能是通过算法推荐为用户提供个性化的新闻和资讯。它会根据用户的浏览历史、搜索记录、兴趣爱好等因素,精准地推送相关的内容。除了新闻资讯外,今日头条还涵盖了其他类型的内容,如短视频、问答、小说等。用户可以在今日头条上关注自己感兴趣的创作者或话题,并且可以对内容进行评论、点赞、分享等互动操作。

(2)用户群体和应用场景

今日头条的用户群体非常广泛,因为其具有个性化推荐的特点,能够满足不同用户的信息需求。在日常生活中,用户可以通过今日头条获取最新的新闻资讯,如时事新闻、娱乐新闻、体育新闻等。对于喜欢阅读小说或观看短视频的用户来说,今日头条也提供了相应的内容服务,用户可以在碎片化的时间里享受阅读和观看的乐趣。

6. 小红书

(1)功能特点

小红书是一个强大的生活分享平台,用户能够轻松发布图文、视频笔记,分享日常美妆护肤、时尚穿搭、旅游攻略、美食探店等丰富多样的生活经验。例如:美妆达人可以详细介绍某款粉底液的使用感受,从质地、遮瑕效果到持妆时长,并配上高清的上脸效果图,直观呈现产品优缺点;旅游爱好者则可以分享小众目的地的绝美风景照,附上详细的交通、住宿及游玩攻略,为他人出行提供精准参考。具备精准且智能的搜索功能,用户输入关键词,无论是特定品牌的产品,还是想去的旅游景点,抑或是某种烹饪食材,都能快速检索出海量相关笔记。

(2)用户群体和应用场景

核心用户群体是年轻女性,特别是18~35岁的追求时尚、注重生活品质的群体。在美妆领域,年轻女孩们热衷于分享新入手的口红试色、眼影盘搭配,交流化妆技巧,跟随潮流更换妆容风格;在穿搭方面,她们展示每日今日穿搭(OOTD,Outfit of the Day),互相借鉴搭配灵感,引领时尚穿搭新风尚,像小红书上流行的"BM 风""纯欲风"穿搭,最初便是由年轻女性用户发起并广泛传播。但不限于此,还广泛涵盖各类兴趣爱好者。摄影爱好者在此分享拍摄技巧、后期修图教程,晒出各地绝美风光照;美食达人探店打卡各类餐厅,详细评测菜品口味、环境氛围;健身人士记录自己的锻炼日常、塑形成果,分享健身计划与饮食规划。不同兴趣的圈子在小红书都能找到志同道合者,碰撞出创意火花。

7. 抖音

(1) 功能特点

抖音为用户提供了极为便捷且功能丰富的短视频创作工具,支持拍摄、剪辑、添加特效、配乐等操作,哪怕是毫无视频创作经验的普通用户,也能轻松制作出富有创意和趣味性的短视频。例如,用户可以利用各种滤镜将日常街景拍摄出电影质感,或者通过特效功能让自己"穿越"到不同的奇幻场景中,然后一键发布分享,向其他用户展示自己的生活点滴、才艺表演、创意想法等内容。依靠强大的算法技术,抖音会深度分析用户的观看时长、点赞、评论、转发等行为数据,以及关注的账号类型等多方面因素,从而为每个用户量身打造个性化的视频信息流。喜欢美食的用户,会不断刷到各类美食探店、美食制作教程等相关视频;对宠物感兴趣的用户,则会看到各种可爱宠物的萌趣日常视频。抖音精准推送符合用户兴趣爱好的内容,让用户总能发现自己感兴趣的短视频。

(2) 用户群体和应用场景

抖音的用户群体几乎涵盖了各个年龄段,不过以年轻人居多。年轻群体在上面分享潮流穿搭、热门舞蹈、趣味生活片段等内容,同时也是各类新奇有趣的短视频和话题挑战的积极参与者,展现青春活力与创意。而中老年群体也会在抖音上记录日常生活,比如展示自己的厨艺、分享旅游见闻等,还能通过抖音了解当下的社会动态和流行趋势,丰富业余生活。在日常生活中,它成为人们娱乐休闲的重要平台。用户在闲暇时刻,比如等公交、坐地铁或者饭后休息时,打开抖音刷一刷短视频,观看搞笑段子、感人故事、绝美风景等各种类型的视频,轻松打发碎片化时间,放松身心,获取愉悦的体验。

8. 快手

(1) 功能特点

快手给予用户极大的创作自由,有着简洁易用的短视频创作界面,支持拍摄、剪辑、添加字幕等功能,方便不同文化程度和技术水平的用户创作属于自己的短视频内容。无论是记录农村生活的朴实画面、展示民间传统手工艺的制作过程,还是呈现都市年轻人的潮流生活,都能在快手上找到一席之地。快手内容充分展现了丰富性与多样性,呈现出"真实、接地气"的平台风格。注重私域流量的构建,用户之间的关系相对更为紧密。

(2) 用户群体和应用场景

快手的用户群体覆盖范围十分广泛,尤其在下沉市场拥有庞大的用户基础,包括广大的农村居民、三四线城市的普通市民等。他们在快手上分享日常生活中的点滴,如田间劳作、乡村集市、地方美食制作等,展现具有地方特色的民俗文化和生活百态。同时,也吸引了不少各领域的专业人士、"网红"以及城市年轻群体,大家共同构成了快手丰富多元的用户生态。在日常生活中,它是人们记录生活、展示自我的重要平台。

第四节　新媒体的信息生产与传播模式

一、新媒体的信息生产模式

1. 用户生成内容（UGC）

（1）全民参与创作

新媒体打破了传统媒体专业创作者的垄断局面，赋予普通大众创作权。在社交媒体平台如微博、抖音，任何用户只需注册账号，利用手机拍摄照片、视频，或撰写文字内容，就能瞬间成为信息发布者。例如，旅游爱好者在旅途中随手拍摄当地美景、美食发布到小红书，分享旅行攻略与心得，宝妈们在母婴社区记录育儿日常，交流经验。这些海量 UGC 内容构成新媒体丰富生态，涵盖生活各层面，使信息来源极度多元化[①]。

（2）创作动机多样

社交分享欲是重要驱动力，用户渴望展示自我生活、观点，寻求社交认同，收获点赞、评论、转发，像在抖音上，才艺达人分享唱歌跳舞视频，期待积累粉丝，获得成就感。部分用户为解决自身问题创作，如知乎提问者详述困惑，吸引他人提供解决方案，后续回答者基于助人心理或展现专业知识目的参与，形成知识共享型 UGC。经济利益诱惑也催生大量 UGC，淘宝逛逛里买家秀创作者，若作品优质，可获商家合作推广费、平台奖励金等，这激励他们持续产出商品评测等内容。

2. 专业生产内容（PGC）

（1）传统媒体转型

报社、电视台等传统媒体机构借助新媒体平台拓展传播渠道，将专业采编团队制作的内容数字化分发。例如，《三联生活周刊》在微信公众号定期推送深度报道文章，融合文字、图片、音频多种形式，把纸质杂志精良内容制作手法平移，内容经严谨选题策划、实地采访调研、专业编辑审核，保持高质量，为新媒体受众提供深度视角，在舆论引导、文化传播上继续担当主力，其专业性成为吸引用户付费订阅或观看广告的关键。

（2）新兴自媒体工作室与创作者

新媒体时代孕育专业自媒体团队，聚焦垂直领域，如：数码评测"小白数码评测"，团队从专业角度拆解分析新款手机性能、拍照效果等，产出评测视频图文，数据详实、观点客观，积累了庞大的数码爱好者粉丝群；知识科普博主"回形针"，靠专业动画制作与科研资料研读能力，将复杂科学知识通俗讲透，制作系列视频。PGC 创作者以独特专长在细分赛道站稳脚跟，用专业内容塑造个人品牌，商业变现多靠品牌广告、知识付费课程等。

[①] 谢辛. 视听新媒体受众需求的发展趋势与应对策略[J]. 艺术科技，2017，30(9)：124.

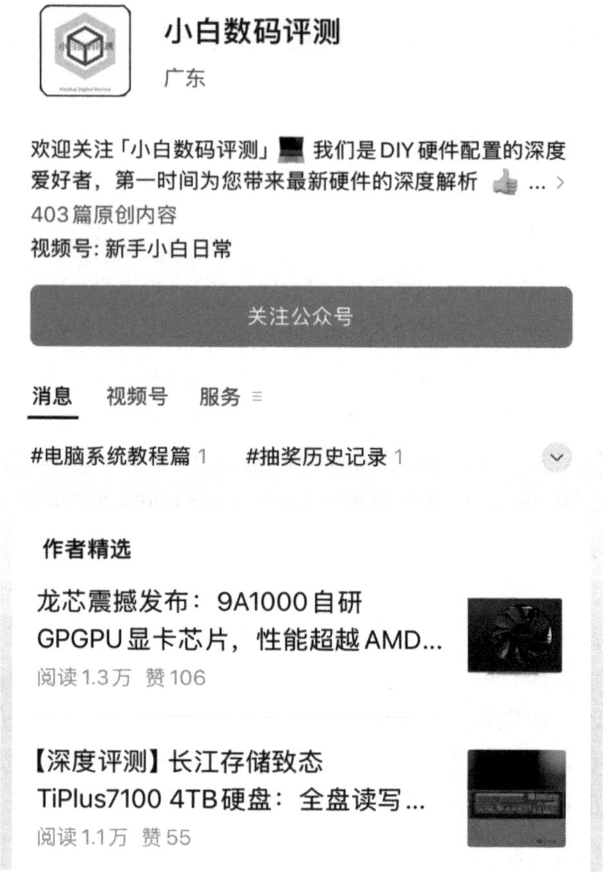

图 1.4　小白数码评测微信公众号页面

3. 机器生成内容（MGC）

（1）算法写作新闻

在新闻领域，算法程序基于预设模板与数据抓取生成新闻稿件，如体育赛事比分实时更新报道，系统瞬间抓取比赛关键数据，套用"XX 队在 XX 时间与 XX 队比赛，XX 球员进球，目前比分 XX"格式，快速产出多篇新闻，财经资讯也类似，自动跟踪股票涨跌、公司财报发布，秒速生成动态消息，确保信息及时性，满足受众对突发、动态信息即时需求，降低人力成本，提升信息产出效率。

（2）AI 辅助内容创作

内容创作辅助软件兴起，AI 绘画工具 Midjourney 能依创作者文字描述生成创意画作，例如：创作者输入"梦幻星空下的欧式城堡"，瞬间得到精美配图，为小说、绘本创作添加视觉元素；文案写作助手如 Jasper，可根据给定主题、风格、关键词，生成宣传文案、故事梗概等段落，创作者再进行优化润色，可大幅缩减创意构思与初稿撰写时间。

图 1.5　Midjourney 中文站首页

二、新媒体的传播模式

1. 社交裂变式传播

（1）人际网络扩散

新媒体社交平台构建熟人、陌生人交织传播网，信息始于用户发布，如微信朋友圈一则公益众筹链接，先在好友列表曝光，若内容触动他人，好友点赞、评论并转发至各自朋友圈，涟漪式扩散，每层转发引入新社交圈受众，传播范围呈指数级增长。微博话题同理，"明星"官宣动态瞬间引爆"粉丝"圈，粉丝转发引发热潮推上热搜，吸引路人关注，话题阅读量短时飙升千万甚至破亿，传播速度远超传统线性传播，关键节点"意见领袖"作用凸显，"大V"转发能让小众消息瞬间全民皆知。

（2）社群助推强化

新媒体催生无数兴趣社群，豆瓣小组、QQ群、微信群围绕读书、游戏、美妆等主题聚集同好。信息入社群，如美妆新品发布资讯进美妆群，可引发群友热烈讨论、分享试用感受，使信息在高黏性群体反复传播、发酵，强化口碑效应。且跨社群流动频繁，如美妆群消息经群友分享至时尚穿搭群、生活分享群，因社群社交关系紧密、成员互动频繁，传播精准且深入，形成口碑传播根据地，能有力左右消费决策、文化潮流走向。

2. 算法推荐式传播

（1）个性精准推送

今日头条、抖音等平台算法核心是用户画像构建与内容匹配。收集用户浏览、搜索、停留时长等行为数据，分析用户的年龄、性别、地域、兴趣偏好，为用户贴标签，如"25～35岁一线城市职场女性，美妆时尚爱好者"，再将对应内容推荐。爱时尚的短视频用户刷到新品发布会、穿搭教程；常看科技资讯者收到电子产品评测。摒弃传统媒体"广撒网"的缺陷，精准触达个体，提升用户获取有效信息效率，增强平台黏性。

(2) 内容流量调节

算法依内容热度、质量动态调配流量，新发布优质内容初始小流量测试推送。若点击率、完播率、互动率达标，判定受众欢迎，则加大曝光率，推热门榜单、首页推荐位；反之，若无人问津，则减少推荐。此机制激励创作者优化内容，契合受众口味，且保障平台内容更新鲜多元，能持续产出用户感兴趣内容，平衡小众创新与大众需求，挖掘潜在爆款，让优质冷门内容也有"出头天"。

3. 融媒体整合式传播

(1) 跨平台协同发声

主流媒体构建融媒体矩阵，如央视新闻，在电视端播出节目同时，官网发布完整视频、文字资料，微博实时推送精彩片段、引导话题讨论，微信公众号深度解读，抖音短视频提炼亮点吸睛。各平台依自身特点分发适配内容，电视重深度全景、微博抓热点即时、抖音求短平快，全方位覆盖不同平台受众，发挥各端优势，形成传播合力，强化媒体传播力与影响力。重大事件报道时，受众无论何种媒介习惯，皆能获取信息。

(2) 线上、线下联动

新媒体营销常采用线上、线下融合策略，品牌新品发布会线上直播预热，微博话题互动、"网红"预告吸睛，线下实体活动现场精彩瞬间再传线上，引发二次传播。文旅推广亦如此，景区线上短视频展示美景美食，在线旅行社（OTA）平台推优惠套餐，线下游客实地体验分享，反哺线上口碑。线上线下循环互动，打破传播时空限制，拓展传播广度深度，实现信息全方位渗透受众生活场景，促流量转化、品牌推广、产业发展。

第五节 新媒体的受众特征与行为分析

一、新媒体受众特征

1. 年轻化

新媒体平台尤其是社交媒体、短视频平台的主要用户群体为年轻人。中国互联网络信息中心（CNNIC）发布的第 51 次《中国互联网络发展状况统计报告》显示，截至 2022 年 12 月，我国短视频用户规模达 10.12 亿，其中 10～39 岁年龄段的用户占比高达 74.6%。年轻人对新鲜事物接受度高，追求潮流，新媒体丰富多样的内容形式如二次元文化、电子竞技直播、创意短视频等契合他们追求个性、渴望表达的心理。例如在哔哩哔哩平台，大量年轻用户热衷于"追番"、观看 UP 主（UPload，上传者）制作的各类创意视频，站内热门话题也多围绕年轻人关注的动漫、游戏、校园生活等内容展开，成为年轻人文化交流与娱乐的重要阵地。

2. 移动化与碎片化

随着智能手机普及和移动网络升级,受众获取信息呈现高度移动化态势。艾瑞咨询的相关研究表明,超 80% 的用户每天使用手机上网时长超过 3 小时,移动端成为新媒体受众接触信息的首要渠道。生活节奏加快使受众时间碎片化,他们利用乘车、排队等零散时间浏览新媒体内容。如微信公众号文章阅读高峰集中在早晚上下班通勤时段,人们在公交、地铁上用手机快速扫读资讯;短视频平台用户平均单次使用时长虽较短,但每日多次打开,碎片化地观看搞笑段子、生活小技巧等视频,随时随地满足娱乐与求知需求。

3. 社交化与参与性强

新媒体受众热衷于社交互动,构建线上人际关系网络。以微博为例,微博用户平均每天发布微博超 1 亿条,评论、转发量不计其数,热门话题常引发全民讨论。受众不再满足于被动接收信息,而是积极参与内容创作与传播。在抖音平台,大量用户参与热门话题挑战,拍摄并上传自己的创意视频,像"手势舞挑战"等话题吸引了数百万甚至上千万用户参与,他们通过模仿、创新,既享受创作乐趣,又期望在社交圈获得关注与认同,从信息消费者变身内容生产者,深度嵌入新媒体社交生态。

4. 个性化与多元化

新媒体技术赋能受众按兴趣筛选内容,形成个性化信息茧房。不同受众因年龄、职业、地域等差异,兴趣爱好大相径庭。在 2024 年尼尔森的 LINE 使用行为大调查显示,在新闻资讯类 App 中,用户自主选择订阅的频道类别超 20 种,涵盖时政、财经、娱乐、科技等多领域,且小众兴趣如手工皮具制作、复古胶片摄影等也能在小红书等平台找到专属社群。同时,受众价值观多元,对同一事件观点各异,新媒体评论区常出现热烈讨论甚至观点交锋的现象,如知乎上社会热点问题下数千条回答,从不同角度解读,反映出受众多元思维碰撞,不再局限于主流单一视角。

二、新媒体受众行为分析

1. 内容消费行为

一方面,偏好视觉化与趣味性内容。视频类内容备受青睐,抖音短视频日均播放量超百亿次,用户更倾向于观看画面精美、节奏明快、娱乐性强的视频。信息图、漫画等可视化内容也广受欢迎,如科普类公众号"混知"用幽默漫画解读历史、科学知识,文章阅读量常 10 万多。相比纯文字,这类内容降低理解门槛,契合受众轻松获取知识、愉悦身心需求,在碎片化时间更易抓住受众注意力。

另一方面,深度内容"浅尝辄止"与专业内容"按需检索"并存。多数受众在新媒体刷新闻、资讯时走马观花,平均阅读停留时间较短,但遇到专业难题或深度兴趣点,如准备职业资格考试、装修房子时,会通过搜索引擎、专业论坛等精准查找资料,深入研读专业文章、教程,在新媒体海量信息中迅速定位高价值内容,行为随需求在"浅度浏览"与"深度钻研"间切换。

2. 社交互动行为

一方面,点赞、评论、转发高频操作。社交媒体上,用户每日点赞行为最为频繁,平均每人每天点赞超 10 次,评论次之,转发则用于传播高认同感内容。如在微博热门社会事件报道下,评论几分钟内可达数千条,受众借此表达观点、宣泄情绪、寻求共鸣。转发多用于扩散正能量故事、实用资讯,形成社交网络信息流动节点,扩大内容传播范围与影响力。

另一方面,社群参与构建身份认同。受众主动加入各类线上社群,微信群、豆瓣小组等活跃度高。如豆瓣"丧心病狂攒钱小组"成员超 60 万,大家分享省钱妙招、理财心得,通过日常交流强化"攒钱人"身份认同,定期参与社群话题打卡、经验分享等活动,从线上社交互动获取情感支持,融入群体,甚至在现实生活调整消费行为,社群成为新媒体受众社交生活延伸与价值观寄托处。

3. 信息搜索与筛选行为

一方面,依赖搜索引擎与平台内搜索。遇到问题,超 90% 的网民首选百度等搜索引擎,输入关键词找答案;在电商平台购物、视频平台找片时,则习惯于用平台内置搜索栏,精准定位商品、视频。每月百度搜索关键词量达百亿级,用户可以利用搜索技巧,如加引号精准匹配、限定网站范围等,提高搜索效率,快速抓取所需信息,应对信息过载难题。

另一方面,算法推荐影响内容获取路径。今日头条等算法推荐主导平台,用户逐渐习惯"投喂式"内容接收,超 70% 用户表示平台推荐内容契合部分兴趣,常因算法推荐发现新爱好、新资讯,浏览路径从主动搜索向被动浏览转变。算法塑造信息视野同时,也引发"信息茧房"争议,使受众多元信息接触广度受限,致部分受众陷入兴趣闭环,难以突破认知局限。

第二章

高校媒体资源管理

第一节　数字时代高校媒体资源管理的变革背景

一、数字技术的驱动

1. 数据存储与处理技术的革新

在当今数字化时代，数据已成为核心资产，数据存储与处理技术的革新是支撑信息社会高效运转的关键力量。从企业运营决策到前沿科学突破，从日常智能生活到宏观经济走势把控，各领域对数据存储的容量、速度、可靠性及处理的精准度、实时性要求不断提高，持续推动相关技术迭代演进，重塑着数据管理生态。在数字时代，高校媒体资源的数据量呈爆炸式增长，包括教学视频、学术讲座录像、校园新闻报道素材、学生作品展示等各类资源。传统的存储方式如硬盘、磁带等已难以满足海量数据的存储需求[①]。

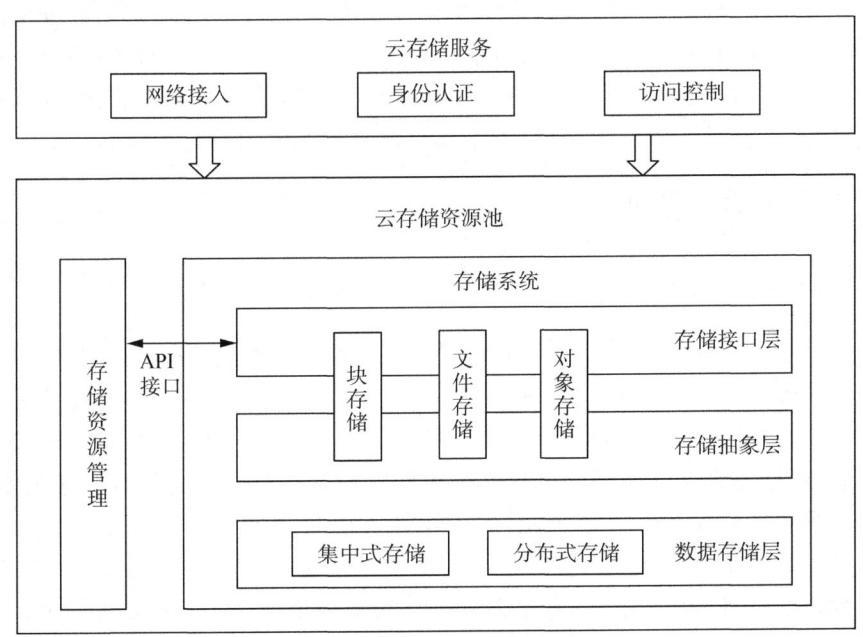

图 2.1　云存储通用框架图

云存储技术应运而生，高校媒体资源管理部门可借助云平台，将各类媒体资源存储于云端服务器，这不仅极大地扩充了存储容量，还能实现数据的分布式存储与备份，确保数据的安全性与稳定性。例如，高校的大型学术会议视频资料，以往可能因本地存储空间有限而不得不定期清理或转存，采用云存储后可长期保存且方便随时调取。

---

① 聂菲,黄弘.职业本科高校融媒体中心助力乡村振兴发展路径研究[J].乡村科技,2024,15(11):16-19.

同时,大数据处理技术的发展使得高校能够对这些海量媒体资源数据进行深入分析[1]。通过数据挖掘算法,可以分析出学生对不同类型媒体资源的偏好,如学生对学科前沿讲座视频的观看时长、点击频率,对校园文化活动报道的评论内容等。这些分析结果有助于高校媒体资源管理部门精准地进行资源策划与推送,提高资源的利用效率与传播效果。比如,若通过分析发现某专业学生对特定领域的科研成果展示视频关注度高,管理部门便可有针对性地收集和整理更多相关资源,并向该专业学生群体重点推荐[2]。

2. 网络传输技术的飞跃

高速网络技术如校园内的光纤网络以及5G无线网络的逐步覆盖,为高校媒体资源的快速传输提供了坚实保障。在校园新闻报道中,记者能够迅速将拍摄的高清图片、视频素材回传至编辑部门,大大缩短了新闻制作周期。以前,校园电视台录制的大型文艺晚会视频可能需要数小时才能传输到后期制作机房,而如今借助高速网络,仅需几分钟即可完成传输。

对于在线教学资源的传输,高速网络更是至关重要。教师可以流畅地进行高清课程直播,学生能够实时观看,无卡顿、延迟现象,保证了教学质量。例如,在远程教学互动中,教师与学生之间的视频、音频交流能够实现近乎实时的传输,使得异地教学如同在同一教室般顺畅,打破了教学的时空限制,促进了高校教育资源的共享与传播。

二、 媒体消费习惯的转变

1. 碎片化阅读与观看需求

在现代社会高速发展的背景下,高校师生的生活节奏显著加快,这一变化深刻地影响了其媒体消费模式,使其呈现出鲜明的碎片化特征[3]。在时间维度上,他们充分利用课间、午休以及通勤等碎片化时段进行媒体信息的摄取。从媒体内容形态的偏好来看,短视频、短新闻以及微博动态等精简式的媒体呈现形式能够在短时间内高效传递关键信息,故而受到高校师生的广泛欢迎。鉴于此,高校媒体资源管理部门有必要基于受众的这一行为特征进行适应性调整。具体而言,对于诸如学术报告、校园故事等传统的长篇幅内容,应采用碎片化的处理策略。以一场时长两小时的学术讲座为例,可通过专业的剪辑手段将其分解为多个时长在5~10分钟的精华片段,并结合精准且简洁的文字概述,发布于校园短视频平台或微信公众号等新媒体渠道。这种方式契合了师生在碎片化时间内快速获取信息的需求,同时,凭借内容的吸引力,能够激发他们进一步探索完整内容的兴趣,从而实现信息的有效传播与深度渗透[4]。

---

[1] 牟芊.媒体融合背景下四川高校校园媒体的发展现状和对策研究[D].昆明:云南师范大学,2024.
[2] 蒋锐,林晓晨.网络思政育人背景下的高校融媒体平台内容建设与优化策略:以海南省为例[J].教育传媒研究,2024(3):64-66.
[3] 臧冠男.数智时代高校媒体融合路径探究:以开放大学为例[J].吉林广播电视大学学报,2024(3):116-118.
[4] 梁淑辉,马艳萍.高校融媒体中心学生宣传队伍建设探析[J].今传媒,2024,32(5):30-33.

2. 互动性与参与性需求增强

随着信息传播环境的日益多元化,高校师生在媒体消费过程中的角色定位发生了转变,他们已不再局限于被动地接收信息,而是展现出强烈的参与意愿,期望能够深度融入媒体内容的创作与传播流程[①]。在校园新媒体平台的运行实践中,学生群体表现出积极的参与态度,他们不仅希望针对校园新闻事件发表个人的评论与见解,而且热衷于提供新闻线索,从而成为校园新闻素材的贡献者之一;教师群体同样具有较强的互动诉求,他们期望借助互动平台与学生进行教学心得的交流以及学术见解的分享,以此拓展知识传播与交流的边界[②]。例如,当校园公众号发布招生信息、校园活动等相关内容时,师生能够在留言区域展开热烈的讨论,充分表达自己的建议与感受。这种互动行为不仅显著增强了师生对校园媒体的关注度,提升了校园媒体的黏性,而且更为关键的是,通过收集与分析师生的反馈信息,高校媒体资源管理部门能够精准把握受众需求,进而为其优化工作流程、改进内容质量提供具有实际价值的思路与方向,形成一种良性的互动循环机制,推动校园媒体的持续发展与创新。

图 2.2　某高校校园公众号内容的互动讨论

同时,一些互动性强的媒体形式如校园直播、在线问答等也越来越受欢迎。校园直播可以让师生实时观看校园活动现场,如运动会开幕式、文艺演出等,并在直播过程中通过弹幕与主播互动,营造出热烈的校园文化氛围。

---

① 刘仪蒙.后疫情时代高校融媒体借鉴党史开展网络育人的切入角度[J].产业与科技论坛,2024,23(9):103-105.

② 秦聪.新形势下高校融媒体队伍建设路径研究[J].山西青年,2024(8):166-168.

三、媒体竞争格局的变化

1. 校内外媒体竞争加剧

在数字化浪潮的席卷之下,高校内部的媒体生态格局呈现出竞争日益激烈的态势。校园电视台、广播台、报社以及多样化的新媒体平台构成了校内媒体的多元矩阵,这些不同类型的媒体机构在信息传播的赛道上角逐,其核心目标在于争夺师生有限的注意力资源[1]。以校园电视台为例,为了实现收视率的显著提升,其在节目形式创新方面持续发力,策划并推出诸如校园真人秀、创意短视频大赛等一系列极具吸引力的节目形式,旨在通过新颖的内容呈现和互动性设计来增强对师生群体的吸引力;校园新媒体平台则充分利用其技术优势和传播特性,通过组织线上互动活动、发布独家报道等策略性行为,致力于实现粉丝数量的增长以及阅读量的提升,进而强化自身在校园媒体领域中的影响力。

与此同时,高校媒体所处的竞争环境并不仅限于校内,还面临着来自校外媒体的强劲压力。社会主流媒体,涵盖电视台、报纸、新闻网站等多种类型,凭借其广泛且成熟的传播渠道、专业且经验丰富的报道团队以及强大的资源整合能力,逐渐将触角延伸至高校领域,聚焦高校的新闻热点事件。例如,在高校科研成果的报道方面,校外专业科技媒体凭借其深入的专业知识储备和全面的报道视角,能够进行更为深入、系统且全面的信息呈现,从而吸引更为广泛的社会关注。这种外部竞争压力的存在,对高校媒体资源管理部门提出了严峻的挑战与更高的要求。在此情境下,高校媒体资源管理部门亟需在报道的专业性与深度挖掘方面进行全面提升,深入挖掘校内独特的新闻视角和资源优势,通过精准的内容定位与特色化的品牌塑造策略,打造具有鲜明高校特色的媒体品牌形象,进而提升自身在媒体竞争格局中的竞争力与影响力,实现高校媒体的可持续发展。

2. 跨平台与多元化竞争态势

随着媒体融合的深入,高校媒体资源管理面临着跨平台与多元化的竞争。不同类型的媒体平台之间相互竞争又相互融合,形成了复杂的竞争格局。例如,视频平台如抖音、B站(哔哩哔哩)等与以传统文字图片为主的校园媒体平台竞争用户的娱乐休闲时间,而音频平台如喜马拉雅等则与校园广播台竞争听众资源[2]。

高校媒体资源管理部门需要在这种多元化竞争环境中找准定位,探索跨平台合作与发展模式。例如:高校广播台可以与音频平台合作,将优秀的校园广播节目上传至音频平台,扩大节目传播范围;校园新媒体平台可以与视频平台合作,制作系列校园主题短视频,借助视频平台的流量优势提升校园文化的影响力,实现高校媒体资源在多平台的有效传播与价值最大化。

---

[1] 余丽蓉. 高校融媒体中心建设背景下传媒类专业项目制教学创新[J]. 顺德职业技术学院学报,2024,22(2):44-48.

[2] 程旭晖. 新时代高校融媒体平台传承红色基因路径探析[J]. 国际公关,2024(8):185-187.

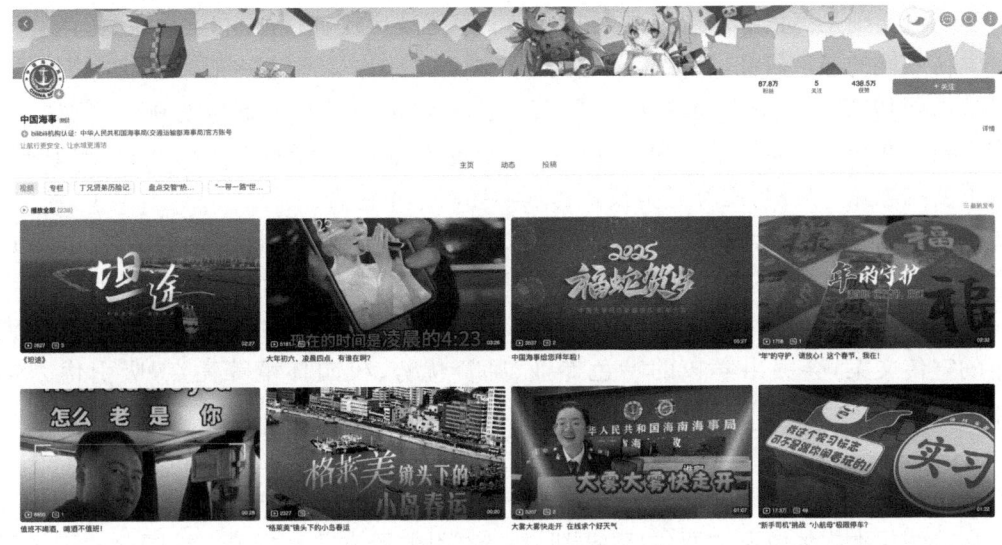

图 2.3　某高校 B 站平台官方号主页

第二节　高校媒体资源的类型与特点

一、高校媒体资源的类型

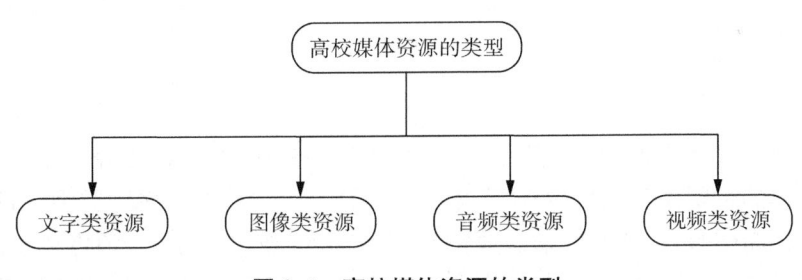

图 2.4　高校媒体资源的类型

1. 文字类资源

高校文字类媒体资源丰富多样,涵盖了校报文章、学术论文、校园新闻稿件、宣传文案等。校报作为传统的校园文字媒体,定期发布学校的重要新闻、教学成果、师生风采等内容,其文章具有一定的深度和规范性,经过严谨的采编流程,旨在向全校师生及校外关注者全面展示学校的动态与形象[①]。例如,某高校校报对学校的重大科研突破进行专题报道,详细阐述科研项目的背景、过程与成果,以文字的力量彰显学校的科研实力。

---

① 莫伶. 把握推动高校媒体融合的三大趋势[J]. 中学政治教学参考,2024(16):109.

学术论文则是高校学术研究成果的重要文字呈现形式，由教师和学生撰写，内容涉及各个学科领域的前沿研究、理论探讨与实证分析。这些论文不仅在校园内部交流传播，还通过学术期刊、数据库等渠道在学术界广泛传播，促进知识的共享与创新[①]。例如，一位物理学教授在国际知名学术期刊上发表的关于量子物理新理论的论文，为该领域的研究提供了新的思路与见解，提升了学校在物理学界的学术声誉。

校园新闻稿件则聚焦于校园日常活动，如各类讲座、比赛、社团活动等的即时报道，具有时效性强、内容鲜活的特点[②]。宣传文案则用于推广学校的招生信息、校园文化活动、品牌形象等，注重语言的吸引力和感染力，以达到特定的宣传目的。例如，学校在招生季推出的宣传文案，会突出学校的特色专业、师资优势、校园环境等亮点，吸引优秀学子报考。

2. 图像类资源

高校图像类媒体资源主要包括校园照片、教学图片、宣传海报等。校园照片记录了校园的四季风光、建筑风貌、师生活动场景等，是校园视觉形象的生动写照。例如，校园摄影师拍摄的校园樱花盛开的照片，通过社交媒体传播后，吸引了众多校内外人士的关注，提升了学校的知名度与美誉度。

教学图片在课堂教学、在线课程资源中广泛应用，如解剖图、物理实验图、历史文物图等，能够直观地辅助学生理解抽象的知识概念，增强教学效果。宣传海报则是学校宣传活动的重要视觉载体，具有设计精美、主题突出的特点。例如，学校举办文化节时制作的宣传海报，通过色彩、图案、文字的巧妙组合，传达出文化节的主题、时间、地点及活动亮点，吸引师生积极参与。

3. 音频类资源

高校音频类媒体资源有校园广播节目、学术讲座音频、音乐作品等。校园广播节目是校园音频媒体的重要代表，涵盖新闻资讯、音乐娱乐、文化访谈等多种类型。例如，每天早晨的校园广播新闻节目，会及时播报国内外时事新闻、校园动态，让师生在校园内第一时间了解信息，而校园广播的音乐节目则会根据不同时段和受众需求播放流行音乐、古典音乐或校园原创音乐，营造轻松愉悦的校园氛围。

学术讲座音频记录了校内外专家学者在校园内举办讲座的声音资料，方便学生课后复习回顾，也可供其他未能现场参加讲座的师生学习参考。此外，高校音乐专业师生创作的音乐作品，如交响乐、合唱曲、独唱曲等，也是高校音频资源的重要组成部分，这些作品不仅在校园内演出，还可能通过网络平台、音乐专辑等形式对外传播，展示学校的艺术教育成果与文化底蕴[③]。

---

① 李娟婷. 构建新时代高校融媒体建设五维路径[J]. 思想政治教育理论与实践, 2024(1):166-170.
② 秦聪. 高校融媒体高质量发展对策研究[J]. 新闻前哨, 2024(5):42-44.
③ 柯晓军. 数字化时代下高校媒体教学的转型与挑战[J]. 内江科技, 2024,45(2):103-104.

4. 视频类资源

高校视频类媒体资源包括校园电视台节目、教学视频、校园活动视频等。校园电视台制作的节目内容丰富，有新闻报道、人物专访、校园短剧等。例如，校园电视台的人物专访节目会深入采访学校的杰出教师、优秀学生或校友，展现他们的成长历程、学术成就或创业经验，为全校师生树立榜样。

教学视频在现代教育中发挥着越来越重要的作用，包括课程讲解视频、实验演示视频、在线慕课视频等[1]。教师可以通过教学视频将知识以更生动形象的方式传授给学生，学生也可以根据自己的学习进度随时随地观看学习。校园活动视频则记录了学校举办的各类大型活动，如运动会开幕式、文艺晚会、毕业典礼等，这些视频不仅是校园记忆的珍贵留存，还可用于学校对外宣传展示，吸引更多人了解学校的校园文化与活力。

二、高校媒体资源的特点

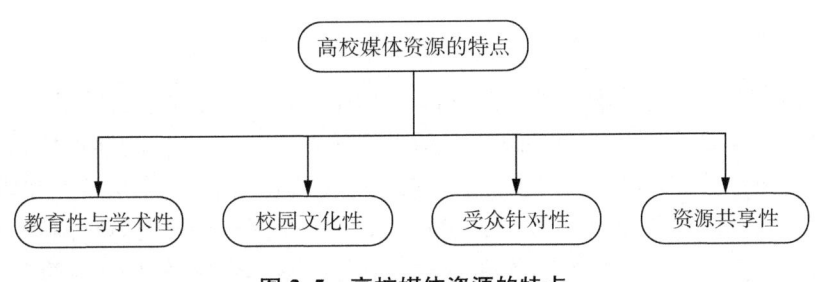

图 2.5　高校媒体资源的特点

1. 教育性与学术性

高校媒体资源的两个重要特点是其教育性与学术性。无论是教学视频、学术论文还是学术讲座音频等资源，都紧密围绕教育教学与学术研究展开。教学视频旨在辅助课堂教学，帮助学生更好地理解和掌握知识；学术论文则是教师和学生在学术领域深入探索的成果体现，推动学科知识的创新与发展[2]。例如，某高校的数学教学视频，通过详细的讲解、动画演示等方式，将复杂的数学概念和解题方法直观地呈现给学生，提高学生的学习效果，而在学校举办的学术讲座的音频中，专家学者分享的最新研究成果和学术观点，能拓宽师生的学术视野，激发学术思考与讨论。

2. 校园文化性

高校媒体资源具有浓郁的校园文化特色。校园照片、校园广播节目、校园电视台节目以及各类校园活动视频等都承载着校园文化内涵。它们记录了校园的传统习俗、师生的

---

[1] 刘叶.高校融媒体教材建设与实践探究：以广告专业课程为例[J].新闻研究导刊,2024,15(4):115-117.
[2] 张梦婷.地方应用型高校融媒体中心建设的困境与突围[J].传播与版权,2024(4):54-56.

精神风貌、丰富多彩的社团活动等。例如,校园广播在每年的校庆期间会制作特别节目,讲述学校的历史变迁、校友的奋斗故事等,传承和弘扬学校的文化精神,校园文化节的活动视频则展示了学生们在文艺表演、创意设计等方面的才华与活力,彰显了校园文化的多元性与创新性。

3. 受众针对性

高校媒体资源的受众主要是师生群体,具有明确的针对性。因此,其内容制作与传播方式都需要考虑师生的需求与兴趣。文字类资源如校报文章、宣传文案会根据师生关注的热点问题进行选题策划;图像类资源如宣传海报会设计得符合师生的审美品位;音频类资源如校园广播节目会根据不同时段师生的作息和收听习惯安排节目类型;视频类资源如教学视频会根据学生的学习进度和课程要求进行制作。例如,针对新生入学,学校会制作专门的新生入学指南视频,介绍学校的校园环境、教学设施、规章制度等,帮助新生尽快适应大学生活。

4. 资源共享性

高校媒体资源在一定范围内具有共享性。校内师生可以通过校园网络平台、图书馆资源库等渠道获取各类媒体资源,实现知识与信息的共享。例如,学校的学术数据库收录了大量的学术论文、研究报告等资源,师生可以在校园内免费查询下载,用于学习和研究;校园电视台的节目也会上传至学校的视频平台,供师生随时观看回顾。同时,部分高校媒体资源也会通过网络向社会公众开放,扩大学校的影响力与知名度,促进高校与社会的交流与互动。

第三节 高校媒体资源管理组织架构

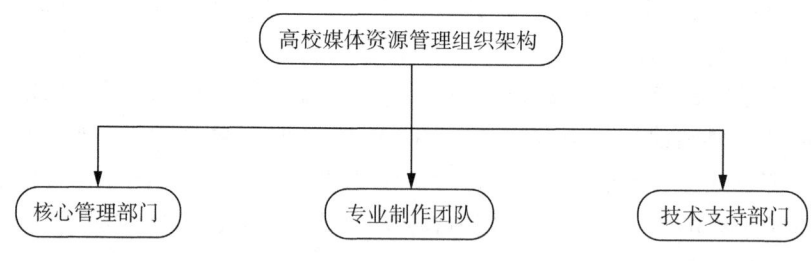

图 2.6 高校媒体资源管理组织架构

一、核心管理部门

1. 媒体资源管理中心

高校媒体资源管理中心作为核心枢纽,承担着统筹规划与整体协调的关键职责。该中心犹如大脑,对各类媒体资源进行宏观把控与整合。其工作涵盖了制定媒体资源管理的战略规划,明确长期与短期的目标,例如确定在特定学年内要重点推广的校园文化主题,并据此规划相应的媒体资源收集、整理与传播策略。

在资源整合方面,媒体资源管理中心负责将分散于校园各处的文字、图像、音频、视频等媒体资源汇聚起来。它建立起统一的资源库,就像打造一个大型的校园媒体素材仓库,无论是校园电视台录制的节目素材、校报的文章电子版,还是教师教学视频、学生活动照片等,都被有序收纳其中。同时,中心还负责制定资源分类标准与元数据规范,确保每一份资源都能被精准定位与高效检索。例如,按照学科、活动类型、时间等多维度对资源进行分类,并为每份资源添加详细的描述信息,如作者、创作时间、关键词等,方便师生在需要时能迅速找到所需资源。

此外,媒体资源管理中心还须协调与其他部门的合作关系。对内,它与教学部门紧密沟通,了解教学需求,以便为教学提供更贴合实际的媒体资源支持;与学生工作部门协同,共同策划并推广校园文化活动相关的媒体宣传方案。对外,它则代表高校与校外媒体、合作伙伴进行联络与交流,如与当地电视台合作举办校园文化展示节目时,负责协商节目内容、制作流程与播出安排等事宜,从而提升高校媒体资源在社会层面的影响力与扩大传播范围。

2. 内容审核与监管部门

为了确保高校媒体资源的质量与合法性和合规性,内容审核与监管部门应运而生。该部门犹如校园媒体领域的"把关人",严格审视各类媒体资源在内容层面的表现。其审核范围广泛,涵盖了从校报文章的观点准确性、学术论文的学术规范遵循情况,到校园电视台节目内容是否符合校园文化价值观、网络平台发布信息的真实性等各个方面[①]。

在审核流程上,内容审核与监管部门建立了一套严谨的多环节审核机制。对于文字类资源,如学术论文,先由相关学科领域的专家进行初审,检查论文的研究方法是否科学、结论是否合理等专业内容,然后再由语言文字专家进行语言规范性审核,确保论文表述清晰、准确。对于图像、音频与视频类资源,审核人员会检查其是否存在侵权行为,如图片是否获得合法授权、视频背景音乐是否侵犯版权等,同时,也会评估其内容是否适合在校园范围内传播,例如视频内容是否包含暴力、色情、不良政治倾向等有害元素。

除了审核之外,该部门还承担着监管职责。它定期对校园媒体平台进行巡查,监测媒体资源的传播效果与受众反馈。例如,通过分析校园网站文章的点击率、评论内容,校园广播节目的收听率变化等数据,及时发现可能存在的问题,并采取相应措施加以调整。若发现某一网络文章引发了大量负面评论或争议,监管部门会迅速介入,评估文章内容是否存在问题,必要时要求撤下文章或发布澄清说明,以维护校园媒体环境的和谐稳定与正面形象。

---

① 许格宁.全媒体视域下大学生思想政治教育优化路径研究:以陕西某省属高校媒体平台为例[J].才智,2024(5):41-44.

二、专业制作团队

1. 文字创作团队

高校媒体资源管理中的文字创作团队是校园文化与信息传播的"笔杆子"力量。这个团队由具备不同专长的文字工作者组成,包括新闻记者、文案策划师、学术编辑等。新闻记者负责校园新闻的采写工作,他们活跃于校园的各个角落,及时捕捉校园内发生的各类新闻事件,如学术讲座、科研成果发布、学生社团活动等,并将其撰写成生动、准确且具有时效性的新闻稿件。例如,在学校举办一场重要的国际学术会议期间,新闻记者会全程参与,采访参会专家学者、记录会议亮点内容,并迅速整理成新闻报道发布在校园媒体平台上,让全校师生及校外关注者能第一时间了解会议详情[①]。

文案策划师则侧重于校园宣传文案的创作,他们擅长运用富有感染力的文字来推广校园文化活动、招生信息、品牌形象等。例如,在招生季,文案策划师会精心构思招生宣传文案,突出学校的特色专业、师资优势、优美校园环境以及丰富多彩的校园生活等亮点,吸引优秀学子报考本校。他们会根据不同的宣传对象与目标,采用不同的文案风格,或抒情,或严谨,或幽默,以达到最佳的宣传效果。

学术编辑主要负责学术论文、研究报告等学术类文字资源的编辑工作。他们不仅要对论文的格式、排版进行规范处理,更要对论文的内容进行深度加工,如检查论文的逻辑结构是否严谨、参考文献引用是否规范等。学术编辑还会与作者进行密切沟通,提出修改建议,帮助作者提升论文的质量与学术水平,确保学校的学术成果能够在学术界得到准确、专业的呈现与传播。

2. 视觉设计团队

视觉设计团队致力于为高校媒体资源赋予极具吸引力的视觉形象。该团队由平面设计师、摄影师、视频制作师等专业人员构成。平面设计师主要负责设计各类校园媒体所需的平面视觉素材,如校报版面设计、宣传海报制作、校园标识系统设计等。他们凭借对色彩、构图、字体等设计元素的精湛运用,将校园文化内涵与信息通过视觉语言准确传达给受众。例如,在设计校园文化节的宣传海报时,平面设计师会根据文化节的主题与特色,选取富有活力与代表性的色彩,搭配独特的图案与简洁明了的文字,营造出浓厚的节日氛围,吸引师生的目光并激发他们参与活动的兴趣。

摄影师则专注于用镜头捕捉校园中的精彩瞬间与独特场景,为高校媒体资源提供丰富的图像素材。他们不仅拍摄校园的自然风光、建筑风貌,更深入校园生活的各个层面,记录师生的教学活动、科研实践、社团活动等场景。这些照片既可以作为校报、校园网站等媒体平台的配图,也可以单独展示校园的魅力与活力。例如,摄影师拍摄的一组反映校园科技创新实践活动的照片,通过展示学生们专注于实验操作、团队讨论的场景,直观地

---

① 王敬,常雪芳.新时代高校融媒体传播的发展路径研究[J].山东商业职业技术学院学报,2024,24(1):82-87.

体现了学校的创新教育成果与学生的积极进取精神,为学校的科技教育宣传提供了有力的视觉支持。

视频制作师负责制作校园电视台节目、教学视频、活动视频等各类视频资源。他们运用视频拍摄、剪辑、特效制作等专业技术,将文字、图像、音频等元素有机融合,打造出具有较高观赏性与传播性的视频作品。在制作校园宣传片时,视频制作师会通过精心策划拍摄脚本,选取校园内最具代表性的场景与人物进行拍摄,然后运用剪辑技巧将这些素材剪辑成一部富有故事性与节奏感的视频,同时添加合适的背景音乐、字幕、特效等元素,全方位展示学校的办学特色、师资力量、校园文化等内容,以吸引更多的人关注与了解学校。

三、技术支持部门

1. 网络与系统运维团队

网络与系统运维团队是保障高校媒体资源管理信息化基础设施稳定运行的关键力量。该团队主要负责校园网络的规划、建设、维护与优化工作。他们要确保校园网络覆盖范围广泛且信号稳定,无论是在教学楼、图书馆、宿舍区还是校园内的其他公共场所,师生都能顺畅地接入网络,获取各类媒体资源。例如,在校园网络升级改造项目中,运维团队需要评估学校的网络需求,确定合适的网络拓扑结构、带宽容量等技术参数,然后进行网络设备的选型、安装与调试工作,以实现校园网络的高速、稳定运行。

在系统运维方面,该团队负责维护媒体资源管理相关的各类信息系统,如资源库管理系统、内容发布系统、用户权限管理系统等。他们要确保这些系统的正常运行,及时处理系统故障与漏洞修复工作。例如,当资源库管理系统出现数据丢失或查询异常情况时,运维团队需要迅速排查问题原因——可能是数据库服务器故障、软件漏洞或人为误操作等,然后采取相应的措施进行数据恢复与系统修复,如从备份服务器中恢复数据、安装系统补丁或纠正错误操作等,以保障媒体资源管理工作的连续性与数据安全性。

此外,网络与系统运维团队还须关注网络安全问题,防范网络攻击与数据泄露风险。他们会部署防火墙、入侵检测系统、数据加密等网络安全设备与技术措施,对校园网络进行实时监控与防护。例如,当发现有外部非法 IP 地址试图入侵校园网络时,防火墙会自动阻断其访问请求,并及时向运维团队发出警报。运维团队则会进一步分析攻击来源与意图,采取相应的防范与应对措施,如加强网络访问限制、更新安全策略等,确保校园媒体资源管理系统与数据的安全。

2. 数据管理与分析团队

数据管理与分析团队在高校媒体资源管理中扮演着"数据大脑"的角色。该团队负责构建与管理媒体资源数据库,确保各类媒体资源数据的高效存储、组织与更新。他们会设计合理的数据架构与存储方案,根据媒体资源的类型、属性、使用频率等因素,选择合适的数据库管理系统,如关系型数据库或非关系型数据库,对文字、图像、音频、视频等数据进行分类存储。例如,对于经常需要进行复杂查询与关联分析的文字类资源,可能采用关系型数据库存储,而对于图像、视频等大文件数据,则可能选择非关系型数据库进行存储,以提高数据存储与读取的效率。

在数据管理过程中,数据管理与分析团队还须制定数据备份与恢复策略,定期对媒体资源数据进行备份,防止硬件故障、人为误操作或自然灾害等导致数据丢失。例如,他们会采用异地备份、多版本备份等方式,确保数据的安全性与完整性。同时,当出现数据丢失或损坏情况时,能够迅速从备份中恢复数据,保障媒体资源管理工作的正常进行。

该团队的另一个重要职责是对媒体资源数据进行分析挖掘。他们通过运用数据挖掘技术、统计分析方法等,从海量的媒体资源数据中提取有价值的信息,为高校媒体资源管理决策提供数据支持。例如:通过分析校园网站用户的浏览行为数据,如页面停留时间、点击路径、搜索关键词等,了解用户的兴趣偏好与需求,从而为网站内容优化、个性化推荐提供依据;分析校园媒体资源的传播数据,如新闻稿件的阅读量、视频的播放量、分享次数等,评估媒体资源的传播效果,以便调整传播策略,扩大资源的影响力与覆盖面。

第三章

高校融媒体平台搭建策略

第一节　高校融媒体建设的背景与意义

一、媒体融合发展的大趋势

在当代信息传播的复杂场域中,媒体融合已演化为一种强劲且不可逆转的时代趋势,深度重塑着传媒产业的整体格局与生态体系。传统媒体与新媒体之间原本清晰的界限正逐步趋于模糊,各类媒体形式在技术与市场的双重驱动下相互渗透、协同共进,共同构建起一个复杂而多元的新型媒体生态景观。随着互联网技术的迅猛发展与广泛普及,信息传播的速率、范围以及深度均实现了突破性的拓展,受众在信息获取途径上呈现出显著的多元化态势。传统媒体形式,包括报纸、杂志、广播、电视等,在新媒体的强烈冲击下,市场占有率与社会影响力呈现出明显的下滑趋势,面临着严峻的生存与发展挑战[①]。为契合时代发展的动态需求,传统媒体纷纷开启转型进程,积极主动地与新媒体进行深度融合,通过整合新媒体的先进技术与创新平台优势,拓展传播渠道,优化传播模式,以实现传播效能的显著提升,增强自身在媒体市场中的竞争力与适应性。

新媒体依托其数字化的天然属性、强大的互动交流功能以及高度个性化的服务模式,在传媒市场中迅速崛起并占据重要地位。社交媒体平台、视频网站、新闻客户端等新媒体形式如春笋般蓬勃发展,以其信息的即时性传播、双向互动沟通机制以及精准的内容推送策略,赢得了广大受众尤其是年轻群体的高度关注与青睐,极大地改变了信息传播的生态格局。然而,新媒体亦存在着诸如信息碎片化、内容质量参差不齐以及监管难度较大等固有缺陷,这在一定程度上限制了其进一步的发展与优化[②]。因此,媒体融合并非传统媒体向新媒体的单向度形式转变,而是不同媒体形态在内容、技术、平台、经营管理等多个维度上的深度优势互补、资源优化整合以及协同联动发展。唯有通过实施全方位、多层次、系统性的媒体融合战略,才能够实现信息传播效能的最大化,全面提升媒体的传播力、引导力、影响力与公信力,使其在激烈的传媒市场竞争中脱颖而出,实现可持续的稳健发展。

二、高校宣传与教育工作的新需求

高校作为知识传承与创新的关键阵地以及高素质人才培育的核心场所,其宣传与教育工作在新时代的复杂背景下遭遇了一系列全新的挑战,并衍生出多元的发展需求。首先,随着高等教育的普及化进程加速以及竞争格局的日益激烈,高校迫切需要强化自身的品牌建设与形象塑造工作,以提升在社会各界的知名度、美誉度与影响力。传统的宣传模式与手段已难以满足这一紧迫的发展需求,高校亟需借助融媒体平台的整合力量,将各类媒体资源进行有机整合与优化配置,精心打造具有鲜明特色与强大影响力的校园媒体品

---

① 袁媛,余华.融媒时代电视媒体的传播矩阵创新之路:广东广播电视台高校融媒体新闻报道的创新实践[J].融媒,2024(2):36-39.
② 刘婷婷.高校融媒体工作室的构建与探索:以"吉外之声"融媒体工作室为例[J].传媒,2024(3):78-80.

牌形象,向社会全面展示学校的办学理念、师资队伍建设成果、教学科研实力以及丰富多彩的校园文化等核心优势与特色亮点,从而在激烈的高等教育竞争中占据有利地位,实现差异化发展①。

其次,高校的教育教学模式正处于持续的创新与变革的关键阶段,在线教育、混合式教学等新型教学范式逐渐成为主流趋势并得到广泛应用。融媒体平台能够为高校的教育教学事业提供丰富多样、灵活多变的资源支持与创新手段,例如高质量的在线课程视频资源、实时的教学直播互动功能、沉浸式虚拟实验室体验等,有效突破时间与空间的限制,促进优质教育资源的广泛共享与高效传播,显著提升教学质量与教育效果。同时,融媒体平台还能够显著增强师生之间的互动交流频率与深度,激发学生的学习兴趣与主观能动性,培养学生的创新思维与实践能力,为培育适应新时代需求的高素质创新型人才提供有力支撑。

此外,高校学生作为信息时代的"原住民",其信息需求偏好与获取方式相较于以往发生了深刻的变化。他们更倾向于通过新媒体平台获取信息,并且对信息的内容质量、呈现形式以及交互体验等方面提出了更高的要求。高校融媒体平台可依据学生的群体特征与个性化需求,精准提供定制化、个性化的信息服务,包括校园资讯的精准推送、学术讲座的实时直播、社团活动的精彩展示等多元化内容,全面满足学生在学习、生活、娱乐等多个维度的综合需求,切实增强学生对学校的归属感与认同感,促进校园的和谐稳定发展以及文化的传承与创新。

三、技术进步提供的有力支撑

近年来,信息技术呈迅猛发展之势,为高校融媒体建设奠定坚实技术根基,提供强劲支撑力量。此进程中,云计算、大数据、人工智能等前沿技术各施其长,深度融入高校融媒体生态,重塑其架构与效能。云计算技术在高校领域的广泛渗透,革新了融媒体平台构建与管理模式。基于云计算架构,高校能够以更高效、灵活之姿达成媒体资源的云端化存储、共享与调配。凭借其卓越的弹性扩展特质,高校可依业务动态精准匹配计算、存储及网络资源,实时应对流量高峰与业务波动,在削减平台建设运维成本的同时,确保稳定性、可靠性与安全性达到新高度,筑牢高校融媒体底层技术框架。

大数据技术的蓬勃发展为高校融媒体运营开拓崭新视野。借助全方位采集、存储及深度剖析海量媒体数据,高校得以穿透式洞察受众偏好与行为轨迹,精准锁定社会热点与舆论走向,进而实现内容的精细化策划、生产与智能分发,传播效能与社会辐射力得以倍数跃升。同时,大数据驱动平台用户体验革新,个性化推荐、智能搜索等功能适配多元需求,提升用户满意度,增强平台黏性与活跃度,助推融媒体平台向用户中心转型。

人工智能技术于高校融媒体建设的应用全景日趋多元且纵深。内容创作端,新闻自动生成、视频智能剪辑等应用大幅消解人力成本,抬升内容产出质效;传播环节,智能推荐算法依循用户多维画像定制个性化内容流,拓宽传播广度与精度,而在客服、舆情监测等

---

① 吕艳萍.地方高校融媒体中心发展的"合"与"融":以青岛科技大学为例[J].全媒体探索,2024(1):27-28.

管理场景,人工智能全方位提升平台智能响应与管控水准,为高校融媒体注入持续创新活力,推动其迈向智能化高阶发展阶段①。

第二节　高校融媒体平台的需求分析与定位

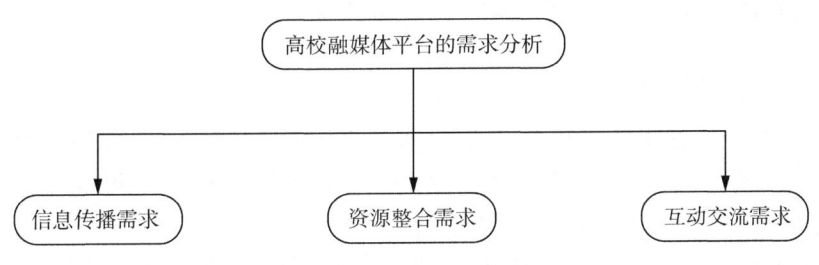

图 3.1　高校融媒体平台的需求分析

一、高校融媒体平台的需求分析

1. 信息传播需求

在高校环境中,信息的快速、准确传播至关重要。从学校层面来看,需要及时将学校的政策方针、通知公告、重要会议精神等内容传达给全体师生员工。例如,学校关于教学改革的新举措、学术活动安排、奖学金评定细则等信息,都需要通过一个高效的平台让师生第一时间知晓。传统的纸质文件通知或单一的校园广播通知方式已难以满足信息传播的全面性和及时性要求。融媒体平台则可整合多种传播渠道,如校园网站、微信公众号、手机 App 等,将信息以图文、音频、视频等多种形式进行推送,确保不同信息接收习惯的师生都能获取到关键信息。

从师生个体角度看,学生希望能便捷地获取课程信息、学习资料、校园活动资讯等,教师则需要了解教学相关的教务信息、科研动态以及与学生交流互动的信息反馈渠道。例如:学生可以在融媒体平台上查询本学期的课程表、教师授课大纲,还能获取各类学科竞赛的报名信息和相关培训资料;教师能在平台上接收教学督导的反馈意见,了解学校科研项目申报的最新通知等。

2. 资源整合需求

高校内部资源丰富多样,但往往分散在各个部门和系统中。融媒体平台需要整合各类媒体资源,包括文字资源如学术论文库、新闻稿件库,图像资源如校园风景照片库、教学图片资源库,音频资源如校园广播节目存档、学术讲座音频记录,视频资源如精品课程视频和校园电视台节目等。例如:将分散在各院系网站的精品课程视频集中到融媒体平台,

---

① 陈松,刘凯,彭代森,等."三全育人"背景下云南地方高校融媒体建设研究[J].品位·经典,2024(1):51-53.

方便学生跨专业选修课程学习;整合学校历年的校庆活动视频,形成校庆专题资源库,用于学校文化传承和对外宣传展示。

同时,还要整合人力资源,将校内擅长新闻写作、摄影摄像、视频制作、新媒体运营等不同技能的师生组织起来,形成一个协同工作的团队。例如:组建学生记者团,负责校园新闻的采集和初步撰写;邀请专业教师作为学术顾问,对平台上的学术资源进行审核和推荐;组织有新媒体运营经验的师生参与平台的推广和用户互动策略制定等。

3. 互动交流需求

高校是一个充满思想碰撞和交流的场所,融媒体平台应满足师生之间、师生与学校管理层之间以及学生与校友之间的互动交流需求。在师生之间,学生可以针对课程内容在平台上向教师提问,教师进行解答和辅导,也可以就学术研究问题展开讨论和合作。例如,在某一专业课程的融媒体学习社区中,学生提出课程实验中的疑惑,教师及时给予指导,并引导其他同学共同参与讨论,形成良好的学习氛围。

图 3.2　某高校融媒体平台首页

师生与学校管理层之间的互动也很关键,要使学生可以对学校的后勤服务、教学设施建设等提出意见和建议,学校管理层能够及时回复并采取改进措施[①]。例如,学生通过平台反映宿舍网络信号差的问题,学校相关部门收到反馈后,在平台上公布解决措施和进度,实现信息的透明化和互动的有效性。

此外,学生与校友之间的交流有助于传承校园文化和拓展学生的职业视野。校友可

---

① 周美霞.大思政格局下高校融媒体中心建设实践限度和优化进路[J].常州工学院学报,2023,36(6):80-86.

以在平台上分享自己的职场经验、创业历程,学生可以向校友请教职业规划、行业动态等问题,形成一个跨越时空的校园交流网络。

二、高校融媒体平台的定位

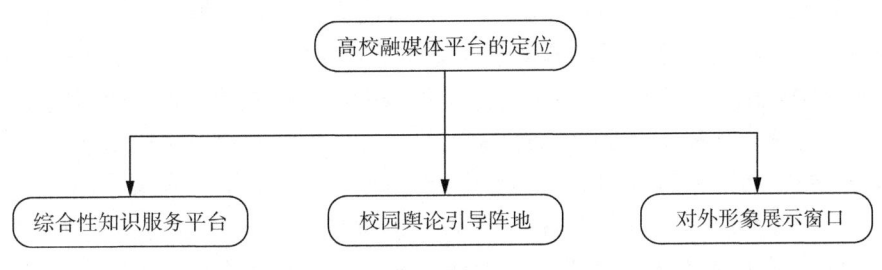

图 3.3　高校融媒体平台的定位

1. 综合性知识服务平台

高校融媒体平台理应被精准定位为一个综合性知识服务平台,将知识的生产、传播与共享设定为核心功能与使命担当。一方面,此平台需全力以赴汇聚校内各学科领域的丰富知识资源。学术研究成果作为高校智慧结晶的集中体现,无论是理论性的深度探索,还是应用性的实践创新成果,都应被系统收录。教学课件则是教师教学智慧与知识传授策略的载体,蕴含着丰富的课程体系架构、教学重难点剖析以及教学方法应用等信息。学习笔记则反映了学生在学习过程中的思考路径、知识消化吸收的要点与困惑,是学习过程的生动记录①。

平台在汇聚这些知识资源后,当务之急是进行科学合理的分类整理与精细加工优化。对于不同专业的基础课程知识,鉴于其具有广泛的通用性与基础性,将其整合为通识知识模块,这有助于打破专业壁垒,促进学生的跨学科知识融合与综合素质提升。例如,将数学、语文、外语等基础学科知识进行标准化整理,形成通识知识资源库,方便各专业学生按需检索学习,夯实知识根基。对于前沿科研成果,依据其所属学科领域进行严谨分类,精心整理成科研动态板块,使师生能够及时洞悉学科前沿的发展趋势、研究热点与创新突破,激发学术创新灵感与探索欲望。在分类整理过程中,还需对知识资源进行加工优化,如对学术研究成果进行摘要提炼、关键词标注,对教学课件进行格式统一、内容更新与补充,对学习笔记进行筛选整合、错误修正等,从而构建起具有高度系统性和逻辑性的知识体系,为师生提供便捷高效的知识检索与学习服务。

另一方面,平台要全方位提供多元化的知识服务功能。智能推荐系统堪称平台的智慧大脑,它依托先进的数据挖掘与分析技术,深度剖析用户的学习历史数据,包括学习时长、学习内容偏好、学习频率等多维度信息,精准洞察用户的兴趣偏好与学习需求。例如,若某学生长期关注计算机科学领域的知识资源,频繁学习编程课程并积极参与相关学术

---

① 潘娉娉.用马克思主义新闻观统领高校融媒体传播[J].杨凌职业技术学院学报,2023,22(4):22-25,35.

讨论，智能推荐系统便能据此为其推荐诸如人工智能算法优化、软件开发最新趋势等个性化的知识内容，实现知识的精准推送，提高学习效率与资源利用率①。在线学习辅导功能则如同贴心的学习助手，借助视频讲解、在线答疑等多种方式，及时为学生排忧解难。在学生遭遇学习瓶颈时，例如在高等数学的复杂定理理解、物理实验的操作步骤困惑等方面，平台可提供由专业教师录制的详细视频讲解，以直观形象的方式呈现知识要点与解题思路。同时，在线答疑功能不仅要确保学生能够随时提出问题，而且要保证无论是学习过程中的即时疑惑，还是作业练习、考试复习中的难题，都能得到教师或学霸同学的及时回应与指导，助力学生顺利跨越学习障碍，深入掌握知识技能。知识评估功能犹如学习道路上的精准导航仪，通过科学合理的测试与评价机制，对学生的学习成果进行全面客观的评估。例如，依据课程教学大纲与学习目标，设计多样化的测试题型，包括选择题、填空题、简答题、案例分析题等，全面考查学生对知识的理解、应用、分析与综合能力。测试结果不仅能够为学生提供清晰的学习成效反馈，帮助学生发现自身知识掌握的薄弱环节，明确自我提升的方向与重点，还能为教师教学调整提供有力依据。教师可根据学生的整体测试表现，精准洞察教学过程中的不足之处，如教学内容的深度广度把握、教学方法的有效性等，进而及时优化教学策略，调整教学进度与重点，实现教学相长，共同提升教育教学质量。

2. 校园舆论引导阵地

作为校园舆论引导的关键阵地，高校融媒体平台肩负着传播正能量、弘扬社会主义核心价值观与校园主流文化的神圣使命。在信息传播的每一个环节，都要秉持客观、公正的原则，对校园热点事件进行深入细致的报道与精准解读。校园热点事件往往涉及师生的切身利益、学校的发展规划与声誉形象，如校园基础设施建设规划调整、学术科研成果争议、学生社团活动引发的广泛关注等。平台在报道这些事件时，须务必深入调查事件的来龙去脉，采访相关当事人与权威专家，

图 3.4 "高校食堂筷子事件"网传图片

获取全面准确的信息素材，以客观公正的视角呈现事件真相，避免片面解读或主观臆断。

在 2024 年 6 月 20 日，福建厦门某职业技术学院发生了一起引发社会广泛关注的事

---

① 吴江龙,吴宝洪,张利.全媒体时代高校媒体融合发展研究：以武汉大学融媒体中心为例[J].领导科学论坛,2023(12):151-154.

件。一名学生通过视频反映,其于学校食堂购置两份饭食之际,拿取了六双一次性筷子,却遭食堂工作人员指斥为偷窃。该当事学生于视频评论区陈述,彼时已向工作人员阐释两份饭并非其独自享用,然而工作人员依旧阻拦其离去,并坚称其有盗窃食堂物品之举,甚至扬言要报警处理。直至当事学生选择报警,警察抵达现场后,食堂工作人员宣称食堂有1500个勺子失窃,且拒绝向当事学生致歉。至6月24日,网络流传视频呈现出当事学生于食堂门口开展免费发放一万双一次性筷子的活动,众多学生纷纷前来领取。当此类偶发性且具争议性的事件突如其来时,融媒体平台应发挥其关键效能,迅速作出响应,及时且精准地发布具有权威性的信息,以此来消弭不实信息的传播空间,稳定公众情绪并引导理性的舆论走向。一方面,融媒体平台可借助多渠道信息采集与整合,深入调查事件的来龙去脉,还原事件真相,避免信息的片面性与误导性;另一方面,通过专业的新闻报道与解读团队,以客观、中立的视角对事件进行剖析,为公众提供全面且深入的事件认知框架,助力构建和谐有序的校园舆论生态以及社会信息传播环境,从而彰显融媒体在应对校园突发争议事件中的社会责任与价值担当。

此外,平台还要积极主动地通过开设丰富多彩的专题专栏、精心组织富有内涵的主题讨论等方式,引导师生踊跃参加校园文化建设与思想道德教育活动。通过深入挖掘优秀师生的先进事迹,如教学名师的敬业奉献故事、科研尖兵的创新探索历程、优秀学生的励志成长经历等,以生动详实的报道、感人至深的讲述,全方位展示榜样的风采与魅力,激发师生的学习热情与工作动力。师生在阅读这些榜样故事时,能够从中汲取智慧与力量,明确自身努力的方向与目标,在校园内形成积极向上、追求卓越的良好氛围[①]。

3. 对外形象展示窗口

高校融媒体平台无疑是学校对外形象展示的一扇璀璨夺目的重要窗口,其肩负着向社会各界全方位展示学校综合实力与特色亮点的重要使命。在招生宣传方面,平台通过精心制作精美的宣传视频、编排图文并茂的新闻报道以及策划系列招生宣传专题等形式,全力吸引潜在生源的目光,提升学校的知名度与美誉度。例如,在招生季来临之际,平台精心打造学校各专业的介绍视频,采用高清拍摄技术、生动的动画演示以及专业的解说配音,全方位展示各专业的课程设置、教学设施、实习实践基地、就业前景等优势亮点。同时,深入挖掘优秀毕业生的成长故事,以他们从懵懂学子到行业精英的蜕变历程,生动诠释学校的教育教学成果与人才培养质量。此外,通过展示校园生活的精彩瞬间,如丰富多彩的社团活动、盛大隆重的校园文化节、紧张激烈的体育赛事等,让考生和家长能够直观感受学校充满活力与魅力的校园文化氛围,全面了解学校的独特魅力与吸引力,从而激发报考热情。

在科研创新与社会服务成果展示方面,平台同样发挥着不可替代的重要作用。如通过及时发布学校科研团队的重大科研突破成果——在前沿科技领域的创新性理论研究成

---

① 沈立平. "三全育人"视阈(域)下的高校融媒体平台育人机制探索[J]. 信阳农林学院学报,2023,33(4):155-160.

图 3.5　某高校发布的招生宣传片

果、具有重大应用价值的技术发明与专利等，能够吸引企业的关注与投资合作意向。例如，当学校科研团队在人工智能、生物医药等热门领域取得突破性进展时，平台详细报道科研成果的核心技术要点、应用场景与市场前景，为企业提供全面准确的信息参考，促进产学研深度合作，推动科研成果转化为实际生产力，提升学校在科技创新领域的影响力与竞争力。

平台对学校开展的社会公益活动、社区服务项目等的报道，则有助于提升学校在社会中的良好形象与公信力。例如：报道学校组织师生参与的扶贫支教活动，展示师生在贫困地区的教学实践、文化帮扶与爱心传递的感人瞬间；宣传学校与社区合作开展的环保公益活动、文化普及活动等，彰显学校服务社会、回馈社会的责任担当与奉献精神。这些报道能够让社会各界更加全面深入地认识学校，增强对学校的认可与信任，为学校赢得更广泛的社会支持与资源，促进学校与社会的良性互动与协同发展。

第三节　数字时代高校媒体资源管理的基础架构

一、技术基础设施

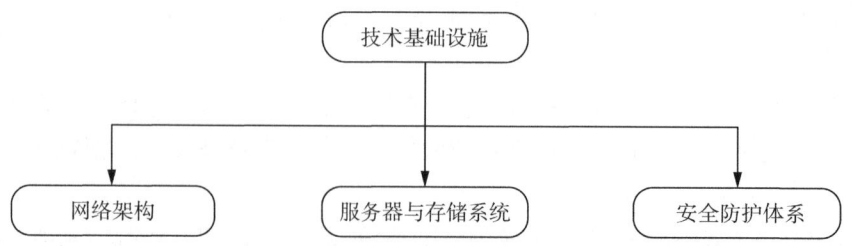

图 3.6　数字时代高校媒体资源管理的技术基础设施

1. 网络架构

高校融媒体平台的网络架构是整个系统运行的脉络,需构建高速、稳定且安全的校园网络,采用有线与无线相结合的方式,实现校园网络全覆盖。在教学楼、图书馆、办公楼等场所铺设高速光纤网络,满足大量数据传输需求,如高清视频会议、大型文件共享等。同时,部署先进的无线网络设备,支持5G甚至更高速率的无线接入,确保师生在校园内任何角落都能流畅地使用移动终端访问融媒体平台。例如,在校园广场举办大型活动时,学生可通过手机连接无线网络,实时上传活动照片与视频至平台,进行分享与传播。

网络架构还应具备良好的扩展性与兼容性,能够与未来的网络技术升级无缝对接,并且兼容不同类型的终端设备与网络协议。设置网络负载均衡器,根据网络流量自动分配资源,防止局部网络拥堵,保障平台在高并发访问时的稳定性。例如,在选课期间或校园新闻热点爆发时,大量师生同时访问平台,网络负载均衡器可有效分流,确保每个用户都能快速获取所需信息。

2. 服务器与存储系统

强大的服务器与存储系统是高校媒体资源管理的硬件核心。选用高性能服务器,具备多核心处理器、大容量内存与高速硬盘,能够快速处理各类媒体资源的上传、下载、编辑与播放请求。例如,对于视频编辑工作,服务器能够迅速响应编辑软件的操作指令,实现视频的剪辑、特效添加等处理,大大提高视频制作效率。

存储系统采用分布式存储架构,结合磁盘阵列与云存储技术。磁盘阵列用于存储常用且对读写速度要求较高的媒体资源,如近期的新闻报道视频、热门课程课件等。云存储则提供海量的存储容量,用于备份历史媒体资源以及存储一些访问频率较低但仍具价值的数据,如历年的学术讲座音频等。通过数据冗余与备份机制,确保媒体资源的安全性与完整性,防止硬件故障、人为误操作或自然灾害等导致数据丢失。例如,设定定期的数据备份任务,将重要媒体资源备份至异地云存储节点,这样即使本地服务器遭受损坏,也能迅速恢复数据,保障平台的正常运行。

3. 安全防护体系

在数字时代,网络安全至关重要。高校融媒体平台需构建多层次的安全防护体系,包括防火墙、入侵检测系统(IDS)、入侵防范系统(IPS)、防病毒软件以及数据加密技术等。防火墙设置在校园网络边界,阻止外部非法网络访问,只允许合法的网络流量进入校园网络与融媒体平台。例如,禁止外部不明来源的IP地址对平台服务器的端口扫描与攻击尝试。

IDS与IPS实时监测网络流量,检测并防范各种入侵行为,如黑客攻击、恶意软件传播等。当检测到异常流量时,及时发出警报并采取相应的防范措施,如阻断攻击源IP地址的访问。防病毒软件安装在服务器与终端设备上,定期更新病毒库,防范各类病毒、木马与蠕虫程序对媒体资源与系统的破坏。数据加密技术则应用于媒体资源的存储与传输过程,确保数据的机密性与完整性。例如,师生登录平台时的账号密码采用加密传输,媒体资源在存储于服务器时进行加密处理,只有授权用户使用特定的解密密钥才能访问与使用,有效保护媒体资源的隐私与安全。

二、数据资源管理系统

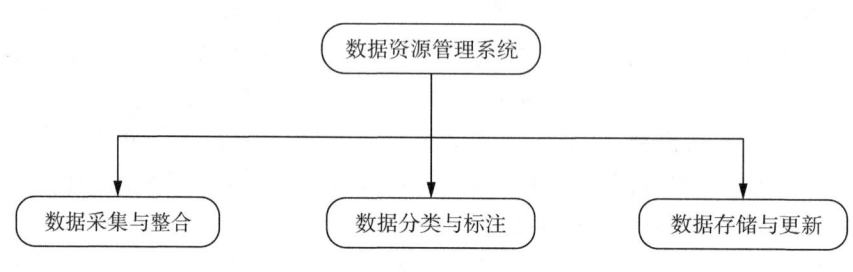

图 3.7 数据资源管理系统

1. 数据采集与整合

高校融媒体平台的数据来源广泛,包括校内各部门、师生个人以及外部网络资源等。建立数据采集接口,从校园新闻网、教务系统、图书馆系统、师生个人创作作品等多渠道采集数据。例如,从教务系统采集课程信息、教师信息与学生成绩等数据,从校园新闻网采集新闻报道、活动信息等。对采集到的数据进行清洗、去重与标准化处理,去除无效数据与冗余信息,将不同格式与来源的数据统一转化为平台可识别与处理的格式。

数据整合是将分散在各个子系统与数据源的数据进行汇聚与关联,构建完整的媒体资源数据仓库。例如:将新闻报道中的文字信息、相关图片与视频资源进行整合,形成一个完整的新闻专题数据集合;将某一课程的课件、教学视频、教师讲解音频以及学生学习反馈数据整合在一起,方便对课程资源进行全面管理与分析。通过数据整合,可实现不同媒体资源之间的互联互通,提高资源的利用效率与价值。

2. 数据分类与标注

为了便于媒体资源的管理与检索,需要对数据进行科学合理的分类与标注。媒体资源的类型分为文字类、图像类、音频类、视频类等。在每一类资源中,进一步细分,如文字类可分为新闻报道、学术论文、教学文案等,图像类可分为校园风景照、人物照片、教学图片等。采用元数据标注技术,为每一份媒体资源添加详细的描述信息,如资源名称、作者、创作时间、关键词、主题分类、使用权限等。例如:对于一篇学术论文,标注其作者姓名、所属学科、发表期刊、摘要等信息;对于一张校园照片,标注拍摄地点、拍摄时间、照片中的人物或景物名称等。通过数据分类与标注,用户可以通过关键词搜索、分类浏览等方式快速定位到所需的媒体资源,提高资源查找的准确性与效率。

3. 数据存储与更新

数据存储采用数据库管理系统(DBMS)。根据媒体资源的数据结构与访问需求,选择合适的数据库类型。例如：关系型数据库（如 MySQL、Oracle 等）用于存储结构化数据，如用户信息、课程信息等；非关系型数据库（如 MongoDB、Redis 等）用于存储非结构化数据，如图片、视频、音频等大文件数据。建立数据索引机制，提高数据查询与检索的速度。例如，对新闻报道的标题、关键词等字段建立索引，方便用户快速搜索到相关新闻。

数据更新是保持媒体资源时效性与准确性的关键。设定数据更新周期，对于实时性要求较高的新闻类数据，做到及时更新，对于一些相对稳定的课程资源、学术资料等数据，根据其内容的变化情况定期更新。例如，当教师修改了课程课件或有新的学术研究成果发表时，及时更新平台上对应的资源数据，确保师生获取到最新的信息与资源。

三、内容管理系统

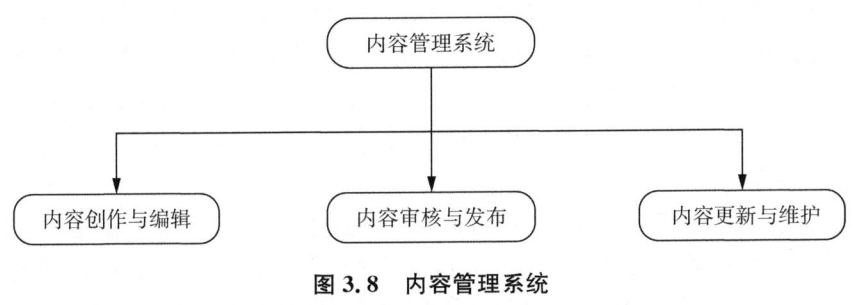

图 3.8　内容管理系统

1. 内容创作与编辑

高校融媒体平台的内容创作与编辑功能应满足不同类型媒体资源的创作需求。提供可视化的文字编辑工具，支持多人协作编辑，方便教师与学生创作新闻稿件、学术论文、教学文案等。例如，在编写校园新闻报道时，记者可以通过平台的文字编辑工具进行撰写，编辑人员可实时在线进行审核与修改，提高新闻创作与发布的效率。

对于图像、音频与视频资源，配备专业的编辑软件或插件。图像编辑工具具备裁剪、调色、特效添加等功能，满足校园宣传海报制作、新闻配图处理等需求；音频编辑工具可实现音频剪辑、混音、降噪等操作，用于制作校园广播节目、学术讲座音频处理等；视频编辑工具支持视频剪辑、转场特效、字幕添加、动画制作等功能，方便制作校园电视台节目、精品课程视频等。例如，学生社团制作宣传视频时，可利用平台提供的视频编辑工具进行创意制作，添加校园元素与特效，展示社团活动的精彩瞬间[①]。

2. 内容审核与发布

严格的内容审核机制是确保高校融媒体平台内容质量与合法性的重要保障。建立多层次的审核流程，首先由内容创作者进行自我审核，确保内容的准确性、完整性与原创性；然后由部门负责人或专业编辑进行初审，检查内容是否符合平台的主题与风格要求，是否

---

① 凌梓译.高校融媒体中心建设的困境以及优化路径探析[J].新闻研究导刊,2023,14(22):49-51.

存在语法错误、事实错误或敏感信息;最后由平台管理员或专门的审核团队进行终审,从整体上把控内容的质量与合规性。例如,对于一篇学术论文的审核,先由作者自查引用文献是否规范、研究方法是否科学合理,再由学科专家审核论文的学术价值与创新性,最后由平台管理员审核论文的格式排版与是否符合平台的发布政策。

审核通过的内容方可进入发布环节。内容发布系统支持多种发布渠道,可一键发布至校园网站、微信公众号、微博、手机 App 等平台,实现内容的多渠道同步传播。例如,校园新闻报道审核通过后,可同时在校园新闻网首页、微信公众号头条、微博官方账号等多个平台发布,扩大新闻的传播范围与影响力。

3. 内容更新与维护

内容更新与维护是保持高校融媒体平台活力与吸引力的关键。定期对平台的内容进行梳理与评估,根据用户反馈、数据分析以及社会热点变化等因素,确定需要更新与优化的内容。例如:当某一课程的教学大纲发生变化时,及时更新课程相关的课件、视频等资源;当社会上出现与校园文化相关的热点话题时,及时策划并制作相关的专题报道或评论文章,更新至平台。

建立内容过期处理机制,对于一些时效性较强的新闻报道、活动通知等内容,在有效期过后及时进行归档或删除处理,避免平台内容的冗余与混乱。同时,对平台的页面布局、栏目设置等进行定期优化,提高用户的浏览体验与操作便利性。例如,根据用户行为分析结果,调整平台首页的推荐内容展示方式,将用户最感兴趣的内容优先展示,提高用户的点击率,延长用户的停留时间。

第四章

高校媒体资源的数字化采集与整合

第一节　高校融媒体平台的内容生产与管理

一、高校融媒体平台内容生产的特点

高校融媒体内容生产具有多源性与多元性的显著特点。多源性意味着其内容素材的来源极为广泛，校内各部门、师生群体以及校园内外丰富多彩的各类活动等，均可成为滋养内容创作的源头活水[1]。学校定期举办的学术讲座，汇聚了学界前沿观点与最新研究成果；社团活动则展现出学生们的青春活力与多元兴趣爱好；科研成果发布更是高校学术实力与创新能力的集中体现；这些都为内容创作提供了丰富的素材宝库。

多元性则体现在内容形式的丰富繁杂，涵盖了文字报道、图片新闻、视频专题、音频节目以及互动活动等多种类型。以一场校园文艺晚会的报道为例，便能充分彰显这种多元性的魅力[2]。文字新闻稿能够以细腻的笔触描述晚会的精彩瞬间、节目亮点以及整体概况，为读者勾勒出一幅生动的晚会画卷；精美的照片则可定格舞台上演员们的绚丽身姿、观众的热情洋溢，通过视觉冲击力瞬间抓住人们的眼球；视频专题可以完整地呈现晚会的节目流程，从开场的震撼到结尾的余韵，让观众身临其境般感受现场氛围；音频剪辑则能将晚会中的经典音乐片段提取出来，让听众在旋律中回味晚会的美妙时刻[3]。

图 4.1　北京大学"PKU 照相馆"活动

高校融媒体平台肩负着双重使命。一方面，作为知识传播的重要阵地，它承担着传播学术知识、科研成果等专业性信息的重任。当学校的科研团队在某一前沿领域取得重大突破时，例如在量子计算领域取得关键技术进展，平台需要以专业、严谨的文字和精确的数据进行深入报道。详细阐述研究的背景、方法、创新点以及对相关学科领域甚至社会发展的潜在影响，以满足校内师生在专业学习与研究过程中的深度需求，同时也为相关专业领域的同行提供有价值的参考信息，促进学术交流与合作[4]。另一方面，平台也要注重内容的贴近性，要紧密围绕学生的学习生活、兴趣爱好以及教师的教学科研日常。例如：制作关于学生备考四六级的经验分享视频，邀请高分通过的学长学姐分享学习技巧、备考心得以及时间管理方法等，为广大考生提供实用的指导；开展教师教学方法创新的访谈音频节目，让优秀教师分享他们在教学过程中的创新实

---

[1] 陈勇,陈实. 元宇宙语境下高校媒体的应对策略初探[J]. 党政论坛,2023(6):55-57.
[2] 常银龙,李兆伟,解晓峰,等. 高校融媒体中心建设的实践与探索[J]. 新闻研究导刊,2023,14(18):62-65.
[3] 罗庆学,靳芝. 高校融媒体传播特征与"破圈"之策：以三峡大学微信公众号运营实践为例[J]. 新闻前哨,2023(17):25-27.
[4] 姜维维. 全媒体视域下高校媒体宣传工作机制探讨：以某交通职业院校为例[J]. 吉林省教育学院学报,2023,39(9):40-44.

践、遇到的挑战以及如何有效激发学生学习兴趣的经验,促进教师之间的相互学习与借鉴,同时也让学生更好地了解教师的教学理念与付出。通过这种贴近性的内容创作,能够有效增强平台与受众之间的情感纽带,提升用户对平台的认同感与平台的黏性。

二、高校融媒体平台内容生产流程

1. 选题策划阶段

在融媒体中心的内容制作上,高校融媒体的生成往往通过一体化的中央厨房模式,通过指挥报道系统(图4.2)完成。这个系统具有指挥任务、流程控制以及传播效果监测等三大功能。这些功能通过各自的实验室以及平台来实现,通过三个功能相互协作共同构成指挥报道整个流程。

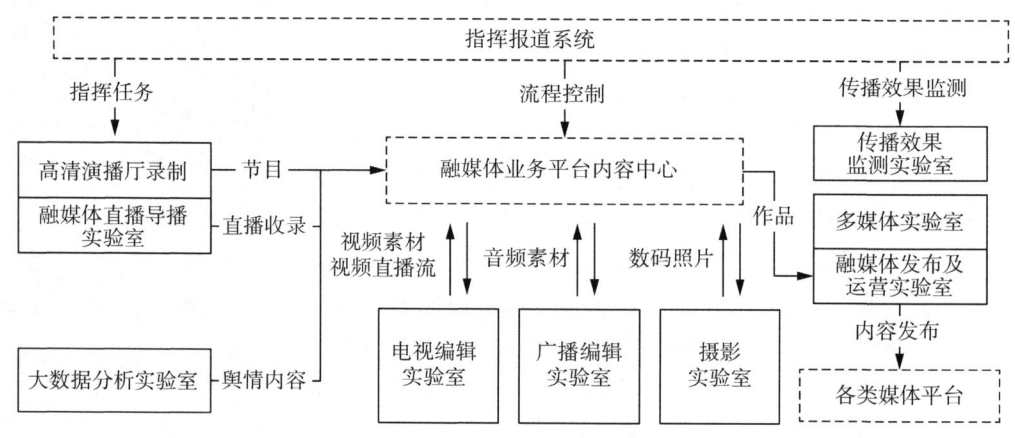

图 4.2 指挥报道系统图

选题策划无疑是高校融媒体内容生产的关键起始点,它犹如航海中的灯塔,为后续的内容创作指明方向。在进行选题策划时,需要综合考量多方面因素。首先,学校的工作重点是重要的导向,如学校在某一学期大力推进的学科建设项目、师资队伍优化举措、校园文化建设活动等,都应成为选题策划的重要关注点。其次,师生关注热点也不容忽视,需要深入了解师生在学习、工作、生活中的兴趣焦点。例如,学生们对于实习就业机会的关注、对各类学术竞赛的热情,教师们对教学改革政策的关心、对科研资源分配的关注等。此外,社会舆论焦点与高校的关联度同样值得重视。当社会上出现与高校专业相关的热点话题时,如人工智能的快速发展对各行业的影响、环保政策对相关学科研究与实践的推动等,便是高校融媒体平台发挥专业解读与知识传播优势的契机。

例如,在开学季,结合新生入学的关键节点,可精心策划新生入学指南系列内容。通过图文并茂的方式详细介绍校园环境,包括教学楼、图书馆、宿舍区的分布与功能;细致讲解入学手续办理流程,从报到注册到生活用品采购等各个环节,为新生提供贴心的指引。再如,当人工智能的发展趋势成为社会热点话题时,高校可充分利用自身的学术资源,策划专家解读的视频节目。邀请计算机科学、人工智能等相关领域的专家学者,深入剖析人工智能技术的发展现状、未来趋势、面临的挑战以及在不同行业的应用前景等，以深度文字分析配合视频讲解的形式，为校内师生以及社会公众提供专业权威的知识解读。

同时，还要充分结合不同媒体平台的特点进行选题适配。微信公众号因其便捷性与互动性强的特点，适合推送简短精练且能引发读者互动讨论的话题内容。比如，开展"校园最美角落"摄影作品投票活动，既能展示校园美景，又能激发师生的参与热情，而校园电视台则凭借其强大的视频制作与传播能力，可制作长篇幅的深度专题视频。如对学校的历史变迁、重大科研项目的全程跟踪报道等，以丰富的画面语言与深入的访谈内容，展现高校的深厚底蕴与创新活力[①]。

2. 素材采集环节

素材采集的方式丰富多样，犹如一场全方位的信息寻宝之旅。对于文字素材而言，采访校内师生、专家学者是获取一手鲜活资料的重要途径。在报道学校的教学改革成果时，深入采访参与改革的教师，了解他们在课程设计、教学方法创新方面的思考与实践过程，与受益的学生进行交流，倾听他们在学习体验、能力提升等方面的真实感受和具体事例。此外，学校的官方文件、学术论文等也是挖掘有价值信息的宝库，从中可以提炼出学校政策导向、学术研究动态等关键内容。

在图片采集方面，校园记者犹如校园中的视觉捕捉者，活跃于校园活动的各个角落，拍摄校园活动照片、校园风景照等。校园运动会上运动员们的拼搏瞬间、文艺演出中的精彩表演画面、校园四季变换的美景等，都能通过他们的镜头定格为永恒。同时，还可广泛征集师生的摄影作品，挖掘师生们眼中独特的校园之美，丰富图片素材资源。

视频素材的采集则依赖于专业摄像设备，全方位记录校园生活的精彩瞬间。录制校园活动的热闹场景，如校庆庆典的盛大场面、社团招新的活跃氛围；捕捉课堂教学中的生动画面，如教师的精彩讲解、学生的积极互动；开展人物访谈，记录学校领导对校园发展规划的阐述、优秀教师的教学心得分享、杰出学生的成长故事等。此外，学校的历史档案资料中蕴藏着丰富的珍贵素材，如老照片、老视频等，这些素材可用于回顾性报道，展现学校的历史变迁与文化传承。

3. 内容编辑制作

在内容编辑制作过程中，不同媒体形式有着各自独特的编辑规范和技术要求，需要编辑人员精心雕琢。文字编辑工作不仅要确保语言表达的准确性、流畅性和逻辑性，避免错别字、语病以及语义模糊等问题，还要合理运用排版技巧，提升文字内容的可读性。在制作校园公众号文章时，可巧妙插入精美的图片、直观的图表来辅助说明文字内容，使文章更具视觉吸引力，还可设置小标题将文章结构清晰地划分，帮助读者快速把握文章主旨与脉络[②]。

图片编辑要通过裁剪、调色、标注等处理手段，突出图片的主题和美感。裁剪掉图片中多余的部分，使主体更加突出；调整色彩平衡、对比度等参数，增强图片的视觉冲击力；

---

① 张雪.高校融媒体平台建设与运营分析：以贵州财经大学为例[J].广播电视信息，2023，30(8)：49-52.
② 王柳力."三全育人"背景下高校融媒体中心舆论引导及预警机制研究[J].新闻研究导刊，2023，14(15)：84-86.

添加适当的标注,为图片提供必要的说明信息。例如,在一张校园建筑照片的编辑中,裁剪掉周边杂乱的背景,突出建筑主体,调整色调使其更具艺术感,并标注建筑的名称、年代与特色,让读者更好地了解图片内容。

视频编辑则涉及一系列复杂而精细的工作,包括视频剪辑、特效添加、字幕制作等。通过剪辑不同场景的视频片段,精心挑选最具表现力的镜头,按照合理的叙事逻辑进行拼接组合;添加转场特效,使不同场景之间的过渡更加自然流畅;配上契合主题的配乐,增强视频的情感氛围;制作准确清晰的字幕,确保观众能够准确理解视频内容。例如,在制作校园宣传视频时,剪辑校园风景、师生活动、教学科研等不同场景的片段,运用渐变、闪白等转场特效,添加轻快的背景音乐,制作中英文字幕,打造出一部具有强烈吸引力的视频作品,全面展示校园的魅力与活力。

4. 审核发布流程

审核发布环节是确保内容质量和合规性的重要关卡,犹如一道坚固的防线,守护着高校融媒体平台的信息安全与声誉。首先,要进行内容的自审,由编辑人员对内容进行全面细致的检查。重点检查以下方面:新闻报道中的人物姓名、职务是否准确无误,避免出现张冠李戴的尴尬错误;数据引用是否可靠,来源是否权威,确保内容的真实性与可信度;语言表达是否恰当得体;格式排版是否符合规范要求,如字体字号、段落间距、标点符号的使用等。例如,在一篇关于学校学术会议的报道中,仔细核对参会专家的姓名、职称以及他们在会议上的发言要点,检查数据图表的来源标注,确保文章语言通顺、排版整齐美观。

其次,进行部门内部审核,由新闻中心内部的资深编辑或负责人从专业角度和学校整体形象维护等方面对内容进行严格把关。资深编辑凭借丰富的经验和专业知识,对内容的深度、广度、专业性进行评估,确保内容符合高校融媒体平台的定位与受众需求;负责人则从学校的整体形象、舆论导向等宏观层面进行审查,避免出现可能损害学校声誉或引发不良社会影响的内容。例如,在审核一篇关于学校学生社会实践活动的报道时,资深编辑会检查报道是否深入挖掘了实践活动的教育意义与社会价值,负责人则会关注报道是否体现了学校对学生社会实践的重视与支持,以及是否符合学校倡导的价值观[①]。

最后,对于一些重要内容还须经过学校相关领导或部门的审定。涉及学校重大政策发布、重要科研成果报道、高层领导活动等内容,须由学校领导或相关职能部门进行最终审核,确保内容与学校的整体战略、发展规划以及对外形象保持高度一致。审核通过后,根据不同媒体平台的发布规律和受众活跃时间进行精准发布[②]。校园微博可选择在学生课余时间,如中午休息、晚上放学后等时间段发布,以提高阅读量和互动量,因为这些时段学生们更有时间浏览手机信息并参与互动;校园官网新闻则应按照新闻时效性及时发布,确保师生校友能够第一时间获取学校的重要信息。

---

① 潘明路.高校媒体融合路径探究[J].西部广播电视,2023,44(15):81-83.
② 董筱.新的传播视阈(域)下高校媒体矩阵搭建的探索[C]//2023中西部地区教育创新与发展论坛论文集(二).中国智慧工程研究会,2023:253-254.

三、高校融媒体平台的内容管理策略

1. 内容分类与标签体系

建立科学合理的内容分类与标签体系对于高校融媒体平台而言，犹如构建了一座高效的信息图书馆，能够极大地提高内容的检索和管理效率。可按照内容主题进行分类，如：校园新闻，涵盖学校的各类行政事务、教学科研动态、学生活动等新闻资讯；学术科研，包括学术论文发表、科研项目进展、学术会议报道等；校园文化，展现学校的历史文化传承、校园文化活动、校训校风等精神内涵；社团活动，聚焦于各类学生社团的组织活动、社团风采展示等[①]。

同时，为每篇内容添加详细的标签，标签可包括人物名称、事件关键词、学科领域等。这样，当用户在平台上搜索相关内容时，无论是想了解计算机科学领域的活动，还是查询校园赛事信息，都能够通过关键词搜索快速准确地定位到所需信息。

中国传媒大学校长张树庭、副校长杨懿、非洲联盟驻华代表处常驻代表拉赫曼塔拉·默罕默德·奥斯曼、布隆迪驻华使馆第一参赞阿尔弗雷德·布里马索、巴西驻华大使馆领事及教育处主管路易斯·费利佩·米泽·费尔南德斯、国观智库副理事长李新玉、国家广播电视总局国际合作司前司长闫成胜、哈尔滨市委宣传部部长兰峰、中国日报社21世纪报总编辑曾庆锴、中国网副总编辑薛立胜等出席典礼并颁奖。

本届大赛以"我的中国故事"为主题，鼓励全球青年以双语的独特形式，多视角讲述中国故事，为讲述中国发展奇迹、展现中华文化魅力提供了国际化舞台。大赛吸引了来自全球26个国家和地区的524位选手参赛，参赛作品涵盖25个语种。经过初评、终评等环节，96位参赛选手脱颖而出，其中金奖3名、银奖6名、铜奖9名、最佳单项奖21名、优秀奖32名、海外最佳风采奖7

图4.3 某高校小红书发布内容标签添加情况

2. 内容更新与维护

高校融媒体平台如同一个不断生长的生命体，需要保持内容的持续更新，才能吸引用户的持续关注，维持其生命力与活力。定期更新校园新闻动态是平台的基本职责，如及时报道学校的最新活动、政策通知等[②]。每天及时发布学校的会议通知、学术讲座信息，让师生能够第一时间知晓校园内的重要事务；每周整理校园新闻热点，以专题形式呈现学校在教学、科研、文化等方面的重要成果与进展。

同时，对于一些优质的历史内容，如经典的学术讲座视频、优秀的校园文化报道等，要进行定期维护。定期检查链接是否有效，确保用户能够顺利访问；定期查看内容是否完整，有无因技术故障或其他原因导致的内容缺失。必要时，对这些历史内容进行重新编辑和优化。例如，每年毕业季对往年优秀毕业生的事迹报道进行整理更新，添加新的毕业生感悟和后续发展情况，使其更具时效性和可读性。将毕业生在毕业后几年内的职业发展成就、人生感悟融入原报道中，不仅能让在校学生从中汲取榜样的力量，也能让校友们感受到学校对他们的持续关注与牵挂。

3. 内容版权管理

重视内容版权管理是高校融媒体平台健康发展的基石与必要保障，关乎平台的合法性与可持续性。明确校内原创内容的版权归属是首要任务，鼓励师生积极创作并切实保

---

① 李新. 网站创新发展：高校媒体融合的突破口和着力点[J]. 新媒体研究，2023，9(14)：83-86.
② 罗远平，刘云花. 基于大数据技术的高校融媒体信息服务平台构建[J]. 信息与电脑(理论版)，2023，35(13)：22-24.

护他们的知识产权。例如,在师生投稿时,签订严谨的版权协议,清晰规定平台对投稿内容的使用权限和作者的权益。明确平台有权在一定范围内对投稿内容进行编辑、发布、推广等操作,但同时也要保障作者的署名权、作品修改权以及获得相应报酬等权益[①]。

对于引用校外的内容,要严格遵循版权法律法规进行合理使用,务必注明出处并获取必要的授权。如在制作校园文化专题时,若引用网络上的图片或文字资料,须先仔细确认版权情况,通过合法的渠道与版权所有者取得联系,按照规定的流程获取授权,并在使用时准确注明出处。例如,在一篇介绍世界著名大学校园文化的文章中,若引用了其他网站上的校园建筑图片,须在图片下方标注图片来源网站、摄影师姓名以及版权许可信息等,避免因侵权行为给平台带来法律纠纷和声誉损害。

4. 内容数据分析与反馈

通过对高校融媒体平台的内容数据进行深入分析,如阅读量、点赞数、评论数、转发数等,能够精准洞察用户对不同内容的喜好程度和行为模式,为平台的优化升级提供有力依据。例如,分析发现关于校园就业指导的内容阅读量较高,说明学生对就业相关信息关注度极高,可据此加大此类内容的创作力度,邀请企业人力资源专家、校友职场达人等撰写就业经验分享文章、录制求职技巧视频等,并在平台上进行重点推广。

同时,积极收集用户的反馈意见也是提升平台质量的重要举措。可通过平台留言、问卷调查等多种方式,广泛了解用户对内容质量、形式、选题等方面的建议。例如,在平台上设置专门的意见反馈入口,鼓励师生对平台的内容提出批评与改进建议,定期开展问卷调查,了解用户对不同类型内容的满意度、对新媒体形式的接受程度等。根据用户的反馈意见,及时调整内容生产与管理策略,不断优化内容选题策划,改进内容编辑制作质量,完善内容分类与标签体系,从而持续提升平台内容的质量和影响力,打造一个更受师生喜爱、更具活力与价值的高校融媒体平台。

第二节　高校融媒体平台的传播策略与渠道整合

一、高校融媒体平台的传播策略

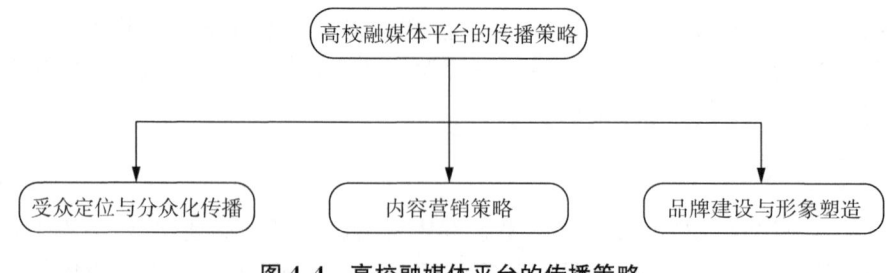

图4.4　高校融媒体平台的传播策略

---

① 武慧媛.高校媒体传播社会主义核心价值观的方向和路径[J].中国高等教育,2023(11):40-42.

1. 受众定位与分众化传播

高校融媒体平台的受众主要包括校内师生、校友以及部分关注高校发展的社会人士等。针对不同受众群体,需要制定精准的分众化传播策略。对于校内师生而言,可根据学科专业、年级层次、兴趣爱好等因素进一步细分。例如,为理工科学生推送科研成果转化、学科竞赛等相关内容,为文科学生提供人文社科讲座、文化艺术活动等资讯[1]。对于校友群体,则着重传递母校的发展动态、校友成就、校庆活动等信息,以增强校友对母校的归属感与认同感。而面向社会人士,可重点展示高校的社会服务成果、科研创新突破以及特色校园文化等,提升高校的社会影响力与美誉度。

在分众化传播过程中,要充分利用大数据分析技术,深入了解不同受众群体的行为习惯、兴趣偏好以及信息需求。通过对平台用户数据的挖掘,如用户浏览记录、点赞评论内容、搜索关键词等,绘制精准的用户画像,从而实现个性化内容推荐。例如,根据学生在平台上对某一学科领域内容的频繁关注,推送相关的学术前沿文章、专家观点视频等,提高内容的触达率与阅读量,增强传播效果。

2. 内容营销策略

高校融媒体平台的内容营销旨在以优质、有价值的内容吸引受众关注并促进其互动参与。首先,注重内容的故事性与情感性。将校园新闻、人物事迹、科研成果等以故事的形式呈现,更容易引发受众的共鸣。例如,讲述一位贫困学生在学校资助与老师同学帮助下逆袭成长的故事,不仅能展现学校的人文关怀,还能激励更多学生努力奋斗。其次,开展互动式内容创作。如设置话题讨论、投票活动、线上竞赛等,鼓励师生校友参与。例如,开展"校园最美角落"摄影投票活动,吸引众多摄影爱好者参与投稿与投票,提高平台的活跃度与用户黏性。

此外,结合热点事件与校园特色进行内容营销。当社会上出现与高校专业相关的热点话题时,如某一科技成果引发广泛关注,高校可及时推出深度解读文章、专家访谈视频等内容,借助热点流量提升自身影响力。同时,充分挖掘校园特色资源,如独特的校园建筑、悠久的校史文化等,制作成系列专题内容进行推广,打造高校的品牌形象。

3. 品牌建设与形象塑造

高校融媒体平台是高校品牌形象的重要传播窗口。在品牌建设方面,要确立独特的品牌定位与价值理念。例如,强调高校的学术严谨性、创新活力、人文关怀等核心特质,并将其贯穿于平台的内容创作与传播过程中。在形象塑造上,注重平台的视觉形象设计,包括界面风格、图标标识、色彩搭配等,要体现高校的文化特色与现代感[2]。例如,采用学校校徽的主色调与标志性图案元素,设计简洁美观、易于识别的平台界面。

通过持续输出高质量、具有代表性的内容来强化品牌形象。如制作一系列展现高校优秀教学成果、杰出科研团队、杰出校友风采的精品内容,在各大媒体渠道广泛传播。同

---

[1] 杜积西,吴晨曦.高校媒体意识形态舆情管理困境与提升之策[J].今传媒,2023,31(5):5-9.
[2] 徐燕华.立德树人办学理念下的高校融媒体中心建设机制研究[J].苏州科技大学学报(社会科学版),2023,40(3):95-100.

时,积极参与国内外高校媒体交流活动与行业评选,展示平台的特色与优势,提升高校融媒体平台在教育领域乃至社会各界的知名度与美誉度。

二、高校融媒体平台的传播渠道整合

1. 传统媒体与新媒体的融合

传统媒体在高校传播体系中仍具有不可替代的作用,如校报、校园广播、校园电视台等。在融媒体时代,要将传统媒体与新媒体有机融合。例如,校报可推出电子版并在高校融媒体平台上发布,同时在纸质版中设置二维码,引导读者扫码获取更多相关的新媒体内容,如视频报道、互动话题等。校园广播可与音频类新媒体平台合作,将广播节目上传至网络电台,扩大受众范围,并利用新媒体平台的互动功能,开展听众留言、线上点歌等活动。

校园电视台的节目可在视频网站、高校官方微博微信等新媒体平台同步播出,借助新媒体的传播优势,突破时间与空间限制,提高节目收视率与影响力。同时,传统媒体的专业采编团队可与新媒体运营团队相互协作,实现资源共享与优势互补。传统媒体记者的深度报道能力与新媒体编辑的创意策划、技术应用能力相结合,共同打造出更具吸引力与影响力的融媒体内容。

2. 社交媒体平台的整合运用

在数字传播生态中,社交媒体平台已然成为高校融媒体体系向外延展传播效能的关键场域,其中微信、微博、抖音、B站等平台凭借其差异化特质汇聚起多元用户集群,为高校信息的靶向传播构筑了丰富渠道。

微信公众号依托其相对私密且强社交关联的生态,为深度内容承载与交互服务供给提供适配空间,从而成为高校权威资讯发布及师生服务触达的关键端口。借助此平台,高校能够精准推送诸如深度解析招生政策、实时教务通告以及精细化校园生活服务指引等长文内容,并通过内置在线报名、成绩检索等功能模组,实现服务集成与信息一站式获取,深度契合师生信息诉求及事务办理需求。

微博则以其裂变式信息扩散形式及高热话题衍生效能,赋能高校动态资讯即时发布与热点议题敏捷回应机制,成为高校提升社会能见度的重要杠杆。在诸如高考招生季等关键节点,高校可借微博平台开展"校园开放日"主题直播,联动师生、校友多方叙事,全景式展现校园日常与学术氛围,巧妙借话题流量吸纳潜在生源关注目光,有效拓宽高校品牌辐射半径。

而抖音、B站等短视频主导型平台,凭借其创意驱动、视听沉浸的内容范式,精准锚定年轻受众偏好脉络,为高校文化传播与形象塑造提供崭新叙事语境。高校可充分挖掘校园文化富矿,将底蕴深厚的校园文化、前沿科普知识以及师生多元才艺等素材转化为生动短视频剧集,诸如聚焦高校实验室新奇实验现象的趣味视频系列,以直观、趣味呈现激发青年学生群体对学术探索的热忱,进而借视觉锤效应强化高校特色文化印记。

综上,高校通过策略性整合微信、微博、抖音、B站等多元社交媒体平台,能够编织起全方位、多层次、立体式的传播矩阵,有机协同各平台优势,最大化拓展高校融媒体传播边界,实现传播覆盖面与社会影响力的指数级跃升,深度嵌入受众多元信息消费场景,全方位递呈高校形象与核心价值理念。

3. 移动应用(App)的开发与推广

开发高校专属的移动应用(App)是整合传播渠道的重要举措。App可集成多种功能，如校园新闻资讯推送、课程表查询、成绩查询、图书馆借阅服务、校园活动报名等，为师生提供一站式的校园服务体验[①]。同时，App也是高校融媒体内容的重要传播载体，可设置新闻频道、视频专区、校园广播电台等板块，方便用户随时随地获取各类融媒体内容。

在App推广方面，可结合新生入学教育、校园活动宣传等契机，引导师生下载安装。例如，在新生报到时，设置专门的App下载注册引导点，为新生介绍App的功能与使用方法，并将部分入学手续办理流程整合到App中，如宿舍分配查询、缴费信息查看等，提高新生对App的认知度与使用率。此外，通过在高校融媒体平台的其他渠道，如微信公众号、微博等进行App宣传推广，举办App使用体验征文、抽奖等活动，吸引用户下载使用，不断扩大App的用户群体，提升其在高校传播体系中的地位与作用。

4. 校际媒体合作与资源共享

高校之间可开展广泛的媒体合作与资源共享，拓展传播渠道与提高影响力。不同高校在学科优势、文化特色、媒体资源等方面各有千秋，通过校际媒体合作，可实现内容共享、联合报道、人才交流等目标。例如，多所高校可联合开展"高校科技创新成果巡礼"系列报道，各自提供本校的科研成果案例，由合作高校的融媒体团队共同策划制作成专题报道，在各高校的融媒体平台上同步发布，扩大报道的传播范围与影响力。

在人才交流方面，高校媒体学生记者团可开展互访交流活动，相互学习借鉴新闻采编、新媒体运营等方面的经验与技术。同时，高校之间还可共享媒体技术资源，如共同建设大型融媒体数据中心、共享新媒体传播效果分析工具等，降低运营成本，提高传播效率，共同推动高校融媒体事业的发展与进步。

第三节 高校融媒体平台的运营与维护

一、高校融媒体平台的运营机制

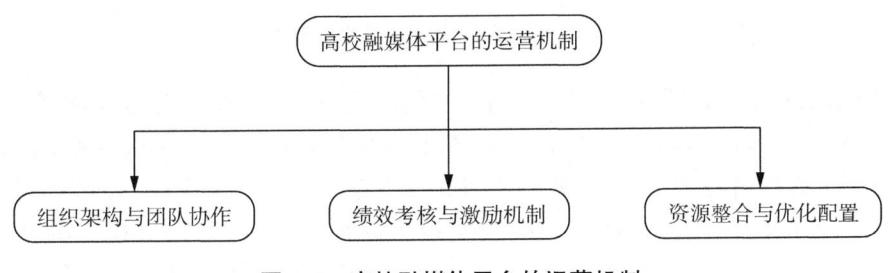

图 4.5 高校融媒体平台的运营机制

---

① 王凯宾,李晓亮,谭春萍.高校融媒体平台新农大小薇传播效果[J].文化产业,2023(13):139-141.

1. 组织架构与团队协作

高校融媒体平台的有效运营需要建立合理的组织架构和高效的团队协作模式。通常可设立融媒体中心作为核心管理部门,其下可分设新闻采编部、新媒体运营部、技术支持部、视觉设计部等多个职能部门。高校融媒体中心要将目标功能放置在首位,突出特色和定位。根据学校性质的不同,建设的高等院校融媒体中心也不一样。例如,"985 工程""211 工程"等研究型大学,这一类型的大学具有研究性质,这些学校具有非常充足甚至富余的教育经费能够支撑高校融媒体中心的硬件建设,而且学校本身教师资源力量非常强大甚至可以通过高薪聘请相关融媒体专业的资深人员进行科研,这也为它提供了非常强大的人才资源储备。所以这种研究型的融媒体中心不仅要具有融媒体的一般功能还要在这个基础上能够具有科研的作用,即在这个平台上成立有关的研究部门和二级学院用来研究相关的课程、媒体融合成果和案例,为融媒体中心构建提供支撑,能够培养相关专业的人才。

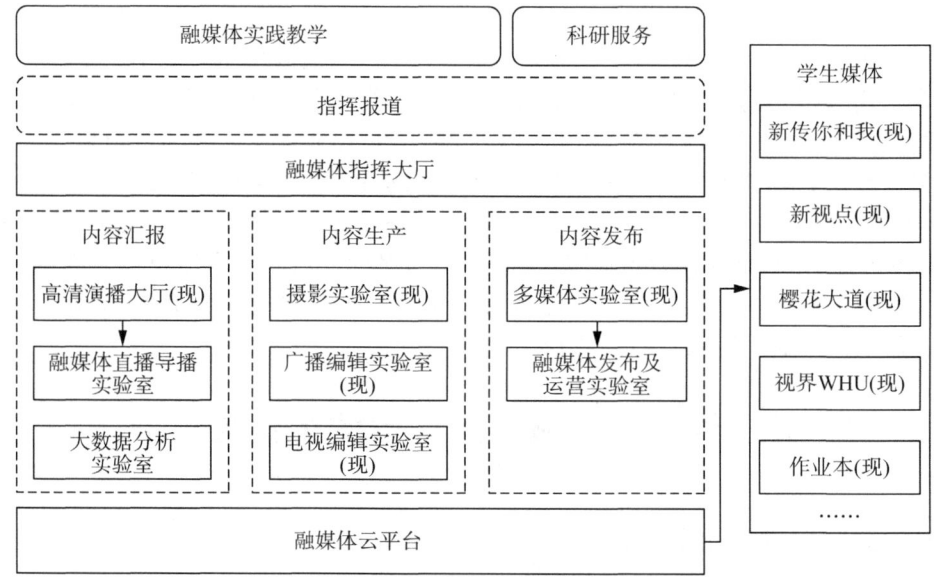

图 4.6 融媒体实验室结构示意图

各部门之间应建立紧密的协作关系。例如,新闻采编部完成的新闻稿件须及时交付新媒体运营部进行多平台发布。在这个过程中,视觉设计部可为新闻稿件配上合适的图片、制作信息图表或短视频等多媒体元素,以提升内容的吸引力。技术支持部则要确保各部门在使用平台过程中技术设备的正常运行,如提供稳定的网络环境、保障内容发布系统的流畅性等。通过定期召开部门联席会议、建立项目合作小组等方式,加强沟通与协作,提高工作效率,形成一个有机整体,共同推动高校融媒体平台的运营。

2. 绩效考核与激励机制

为了激发团队成员的工作积极性和创造力，建立科学合理的绩效考核与激励机制至关重要。绩效考核指标应涵盖多个维度，包括工作质量、工作效率、创新能力、团队协作等。对于新闻采编人员来讲，工作质量可体现在新闻稿件的准确性、深度、可读性以及是否符合融媒体传播要求等方面，工作效率则可通过稿件完成的及时性、采访任务的完成进度等来衡量。对于新媒体运营人员，考核指标可包括粉丝增长数量、阅读量、互动率、平台影响力提升等[1]。

激励机制应与绩效考核结果紧密挂钩。对于表现优秀的员工，可给予物质奖励，如奖金、奖品等，也可提供精神奖励，如荣誉证书、优秀员工称号、晋升机会等。例如，每月评选出"最佳新闻稿件奖""最佳新媒体运营奖"等，对获奖者给予一定的奖金激励，并在全平台范围内进行表彰宣传。同时，为鼓励创新，可设立专门的创新奖励基金，对于提出创新性传播策略、新媒体产品形式或技术应用方案并取得良好效果的团队或个人给予额外奖励。通过这样的绩效考核与激励机制，营造积极向上、勇于创新的工作氛围，提升团队整体素质和业务水平。

3. 资源整合与优化配置

高校融媒体平台运营涉及多种资源的整合与优化配置，包括人力资源、物力资源、财力资源以及信息资源等。在人力资源方面，除了内部团队成员的整合调配外，还可充分挖掘校内师生资源，如邀请专业教师作为专家顾问，为内容创作提供专业知识支持。也可以组织学生记者团队，参与校园新闻采访报道工作，培养学生的新闻实践能力，同时也为平台注入新鲜血液。

在物力资源方面，要合理配置办公设备、采访设备、摄影摄像器材等，确保各部门在开展工作时有足够的设备支持。例如，为新闻采编部配备专业的摄像机、录音笔等设备，为新媒体运营部提供高性能的电脑和服务器等。

财力资源的配置要根据平台运营的重点和需求进行合理规划，确保资金投入到内容创作、技术研发、市场推广等关键环节。

信息资源的整合更是高校融媒体平台运营的核心任务之一。整合校内各部门的信息资源，如学校的行政通知、学术科研成果、教学活动信息等，避免信息孤岛现象，实现信息的共享与流通。同时，积极收集校外相关信息资源，包括社会热点话题、行业动态等，为平台内容创作提供更广阔的素材来源。通过对各类资源的有效整合与优化配置，提高资源利用效率，降低运营成本，提升高校融媒体平台的整体运营效益。

---

[1] 李粟.高校融媒体在重大主题报道中的创新路径探究：以青岛科技大学第十一次党代会宣传工作为例[J].新闻文化建设，2023(8)：196-198.

二、高校融媒体平台的技术维护

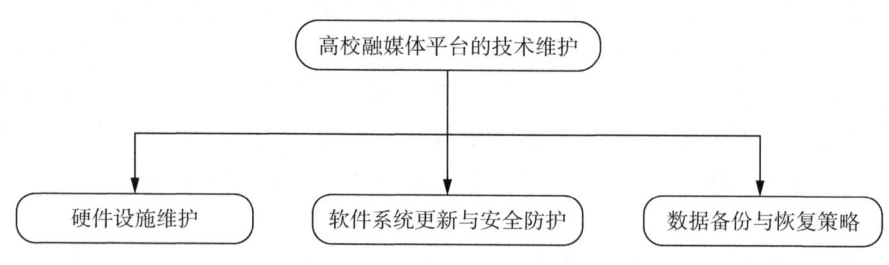

图 4.7　高校融媒体平台的技术维护

1. 硬件设施维护

硬件设施是高校融媒体平台运行的基础保障,包括服务器、计算机、网络设备、存储设备等。服务器作为平台数据存储和运行的核心设备,需要定期进行维护检查,如检查服务器的硬件运行状态,包括 CPU、内存、硬盘等部件的使用情况,及时清理服务器内部灰尘,确保散热良好,防止硬件过热导致故障。同时,要定期更新服务器的操作系统和软件补丁,保障服务器的安全性和稳定性。

计算机设备是平台工作人员日常办公和内容创作的工具,需要进行日常的维护保养,例如:安装杀毒软件并定期更新病毒库,防止计算机感染病毒或恶意软件;定期清理计算机磁盘垃圾文件,优化系统性能;及时更新计算机的驱动程序,确保硬件设备的正常运行。

网络设备的维护对于保障平台的信息传输至关重要。须定期检查路由器、交换机等网络设备的运行状态,确保网络连接稳定可靠。监测网络带宽使用情况,根据平台流量变化及时调整网络配置,防止因网络拥堵导致平台访问缓慢或中断。存储设备则要定期进行数据备份,防止数据丢失,同时检查存储设备的读写性能,及时更换出现故障的存储介质。

2. 软件系统更新与安全防护

高校融媒体平台所使用的软件系统包括内容管理系统(CMS)、新媒体平台客户端软件、数据库管理系统等,需要定期进行更新升级。内容管理系统的更新可优化内容发布流程、提高编辑效率、增加新的功能模块等。例如,增加多媒体内容编辑的便捷工具、完善内容审核流程的自动化功能等。新媒体平台客户端软件的更新可提升用户体验,修复软件漏洞,增强与用户设备的兼容性。

在软件系统更新的同时,要高度重视安全防护工作,要建立完善的网络安全防护体系,包括防火墙设置、入侵检测系统(IDS)、入侵防范系统(IPS)等。防火墙可限制外部非法网络访问,过滤掉恶意网络流量;IDS 可实时监测网络中的入侵行为并及时报警;IPS 则能够主动防范入侵行为,阻止攻击流量进入平台系统。同时,要加强对软件系统的漏洞管理,定期进行漏洞扫描,及时发现并修复软件漏洞,防止黑客利用漏洞攻击平台系统,窃取用户数据或篡改平台内容。

3. 数据备份与恢复策略

数据是高校融媒体平台的核心资产，包括新闻稿件、图片、视频、用户信息等。因此，建立科学的数据备份与恢复策略是保障平台稳定运行的关键环节。数据备份应采用多种方式相结合，如本地备份和异地备份。本地备份可将数据存储在本地服务器的冗余存储设备中，定期进行全量备份和增量备份。全量备份可在特定时间点对所有数据进行完整备份，增量备份则只备份自上次备份以来新增或修改的数据，这样可以减少备份时间和存储空间占用。

异地备份则是将数据备份到远离本地服务器的其他位置，如云端存储或其他校区的数据中心。异地备份可防止因本地自然灾害、火灾、盗窃等不可抗力因素导致的数据丢失。在数据恢复方面，要制订详细的数据恢复计划，明确在不同故障情况下的数据恢复流程和方法。例如，当出现服务器硬盘故障时，可先从本地冗余存储设备中进行数据恢复，如果本地备份也无法恢复，则可从异地备份中获取数据进行恢复，确保平台数据的完整性和可用性，最大限度减少数据丢失对平台运营的影响。

三、高校融媒体平台的用户服务与反馈处理

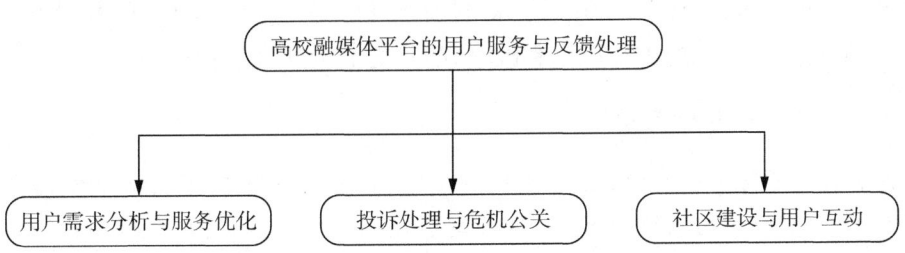

图 4.8　高校融媒体平台的用户服务与反馈处理

1. 用户需求分析与服务优化

高校融媒体平台的用户主要包括校内师生、校友以及关注高校发展的社会人士等，他们对平台有着不同的需求和期望。因此，需要深入开展用户需求分析工作，通过多种方式收集用户反馈，如在线问卷调查、用户留言分析、用户访谈等。对于校内师生而言，他们可能更关注教学科研信息、校园生活服务、学术交流活动等内容；校友则更关心母校的发展动态、校友活动信息以及校友成就展示等；社会人士可能对高校的科研成果转化、社会服务项目等方面更感兴趣[①]。

根据用户需求分析结果，针对性地优化平台服务。例如：在平台上设置教学科研专栏，分类展示学科建设成果、科研项目进展、学术讲座信息等，方便师生查询；开设校园生

---

① 吴成军. 媒体融合时代高校主流媒体转型发展策略分析[J]. 今传媒，2023,31(4):32-34.

活服务板块，提供诸如校园地图导航、餐饮服务信息、校园活动报名等功能，提升师生校园生活便利性；建立校友专区，发布校友活动通知、校友风采展示、校友捐赠信息等，增强校友与母校的联系与互动；对于社会人士关注的内容，可制作专题报道或成果展示页面，介绍高校在科研成果转化、社会服务等方面的举措与成效。通过不断优化平台服务，满足不同用户群体的需求，提高用户满意度和忠诚度。

2. 投诉处理与危机公关

在高校融媒体平台运营过程中，难免会遇到用户投诉和突发危机事件。对于用户投诉，要建立快速响应机制，设立专门的投诉渠道，如投诉邮箱、投诉电话或在线投诉表单等，并确保投诉渠道的畅通。当接到用户投诉后，要及时进行调查核实，了解投诉的具体原因和情况。对于因平台工作失误导致的问题，如内容错误、服务不到位等，要诚恳地向用户道歉，并迅速采取措施进行整改，将整改结果及时反馈给用户。

在面对危机公关事件时，如平台出现重大信息安全漏洞、负面舆论事件等，要制定完善的危机公关预案。首先，要及时发布准确的信息，向公众说明事件的真相、影响范围以及平台正在采取的应对措施，避免谣言和不实信息的传播。例如，在平台上发布官方声明，通过社交媒体平台广泛传播，引导舆论走向。其次，要积极与媒体、用户等利益相关方进行沟通协调，争取他们的理解和支持。组织专家团队或权威人士进行解读和回应，增强公众对平台处理危机事件能力的信心。最后，在危机事件处理结束后，要及时总结经验教训，对平台的运营管理机制进行反思和改进，防止类似事件再次发生。

3. 社区建设与用户互动

构建高校融媒体平台社区，加强用户互动交流，有助于提升平台的活跃度和用户黏性。可在平台上设置论坛、评论区、问答板块等互动社区。例如：在新闻报道下方设置评论区，鼓励用户发表对新闻事件的看法和评论，促进用户之间的思想交流和观点碰撞；开设问答板块，用户可以提出关于校园生活、学习、工作等方面的问题，由平台管理员或其他用户进行解答，形成互帮互助的良好氛围。

平台还可以组织开展线上线下互动活动，如线上征文比赛、摄影大赛、知识竞赛等，线下校园文化活动、校友聚会、学术研讨会等，并通过平台进行活动宣传推广和报名组织工作。通过这些互动活动，增强用户对平台的归属感和认同感，将高校融媒体平台打造成一个充满活力和凝聚力的校园文化社区，进一步拓展平台的影响力和传播力。

第五章

高校媒体资源的
存储与组织管理

第一节　存储模式与策略

一、存储模式

1. 本地存储模式

本地存储模式是高校媒体资源存储的基础方式之一。从硬件设施来看，高校通常配备专门的服务器机房，其中存储设备如大容量硬盘阵列等用于存放各类媒体资源。这些硬盘阵列具备不同的存储容量规格，可依据高校媒体资源的规模与增长预期进行选择与扩展[1]。例如，一所综合性大学的传媒学院，其拥有大量的教学视频素材、学生作品以及学术研究相关的音频资料等，通过构建本地的硬盘阵列存储系统，能够将这些资源集中存储在学院内部的服务器中，方便师生在校园网内进行访问与使用。在数据管理方面，本地存储依赖于高校自身的信息技术团队进行维护与管理。他们负责服务器的日常运行监控、数据备份以及安全防护等工作。以数据备份为例，通常会采用定期全量备份与增量备份相结合的方式，确保媒体资源数据的安全性与完整性。全量备份会在特定时间周期（如每周或每月）对所有媒体资源进行完整复制存储，而增量备份则每日针对新增或修改的数据进行备份，这样既保证了数据的全面性，又提高了备份效率，减少了对存储资源与时间的消耗。

2. 云存储模式

云存储模式在高校媒体资源管理中发挥重要作用。云存储服务提供商如阿里云、腾讯云等，为高校提供了弹性可扩展的存储解决方案。从技术原理上讲，云存储利用分布式存储技术，将数据分散存储在多个数据中心的服务器节点上。这种分布式存储架构使得高校媒体资源能够获得更高的可靠性与可用性[2]。例如清华大学深圳国际研究院媒体影像库的打造，既满足学校媒体资源收集、保存、规整、查找、编辑、发布各种围绕资源汇聚共享的功能要求，又整体实现了安全、完整、可靠的媒体资源保存与媒体资源利用率。

在数据传输方面，云存储采用高效的加密传输协议，保障媒体资源在上传与下载过程中的安全性。高校师生可通过校园网或互联网，使用专门的云存储客户端或网页端应用程序，便捷地将媒体资源上传至云端存储空间。以某高校的艺术系为例，学生在创作数字艺术作品过程中，可将作品素材及成品实时上传至云端存储，以便在不同的创作地点（如教室、宿舍或校外实习场所）进行下载与继续创作，同时也便于与指导教师进行远程分享与交流，提高了创作效率与协作便利性。

---

[1] 吕艳萍.高校融媒体编辑的角色重构与创新路径探析[J].新闻研究导刊,2023,14(6):110-112.
[2] 黄月.高校融媒体平台建设现状与育人路径探索[J].无锡职业技术学院学报,2023,22(2):19-22.

图 5.1　清华大学深圳国际研究院媒体影像库页面

3. 混合存储模式

混合存储模式结合了本地存储与云存储的优势。在这种模式下,高校会将常用的、对访问速度要求较高的媒体资源存储在本地服务器中,以确保校内用户能够快速获取资源。例如,高校的在线课程平台所使用的核心教学视频资源,由于需要满足大量学生同时在线观看且流畅播放的要求,会优先存储在本地服务器,并通过内容分发网络(CDN)技术进行校内加速分发。而对于一些历史存档类的媒体资源、非频繁访问的大型素材库或需要与外部机构共享的资源,则存储在云端。以高校的校史资料馆为例,其中包含大量珍贵的历史照片、音频记录等校史媒体资源,这些资源平时访问量相对较低,但需要长期安全存储且可能会与校友或其他高校进行交流共享,将其存储在云端可节省本地存储资源,并便于通过网络进行授权访问与共享①。同时,混合存储模式还能够在本地存储资源出现故障或存储空间不足时,灵活地将部分数据迁移至云端或从云端获取备份数据,提高了高校媒体资源存储的整体灵活性与抗风险能力。

二、存储策略

1. 分类存储策略

分类存储策略是高校媒体资源有序管理的关键。从媒体类型角度,高校会将资源分

---

① 王北溟.高校"融媒体视频化+育人"机制的建设路径研究[J].中国多媒体与网络教学学报(上旬刊),2023(3):156-159.

为视频、音频、图像、文档等不同类别进行存储。以哈尔滨工业大学视频中心的建设为例，学校借助媒体资源管理平台打造统一聚合的视频中心，最大化实现视频资源融合管理。在视频中心内，教学视频依据学科专业、课程名称等进行细致分类，方便师生快速定位所需课程资料，无论是基础学科的讲解视频，还是专业课程的实践演示视频，都能一键获取。学术讲座视频则按照主讲人、讲座主题等维度归类，便于师生追踪学术前沿动态。校园活动视频按照活动类型，如文艺演出、体育赛事、社团活动等分别存储，生动展现校园多元文化生活。同时，对于视频的分辨率、时长、拍摄时间等元数据也进行详细标注，进一步提升检索的精准度与效率。通过这样的分类存储模式，哈尔滨工业大学不仅优化了视频资源的管理与利用，也为全校师生营造了一个便捷、高效的视频资源获取环境，有力地推动了教学、科研及校园文化建设等多方面工作的协同发展。

图 5.2　哈尔滨工业大学视频中心页面

2. 分布式存储策略

按照元数据的管理方式，存储架构可分为对称式和非对称式两种架构模式。在对称式架构中每个节点的角色均等，共同管理和维护元数据，节点间通过高速网络进行信息同步和互斥锁等操作（每台节点安装的组件一样）。而非对称式集群文件系统中，有专门的一个或者多个节点负责管理元数据，其他节点需要频繁与元数据节点通信以获取最新的元数据比如目录列表、文件属性等等。

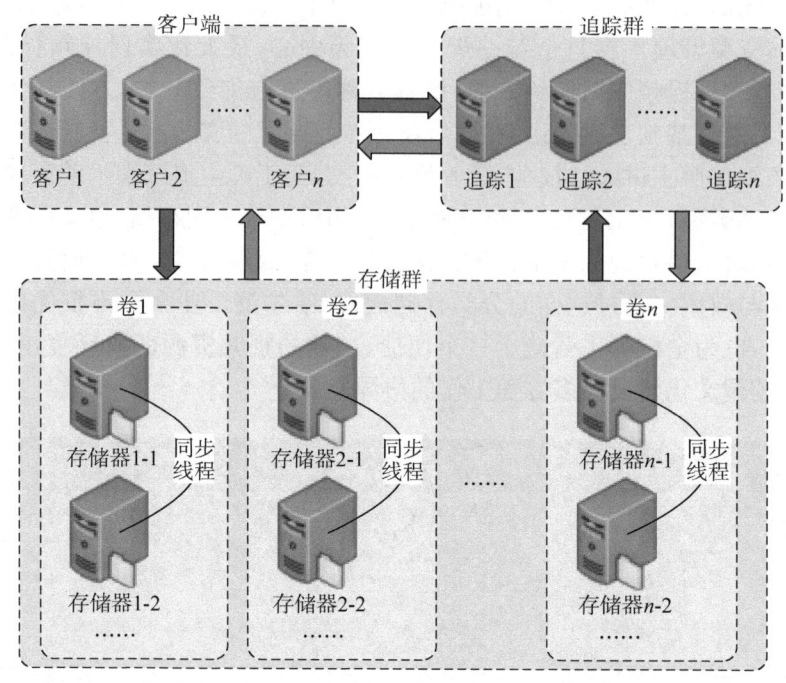

图 5.3　典型对称式架构示意：FastDFS 架构

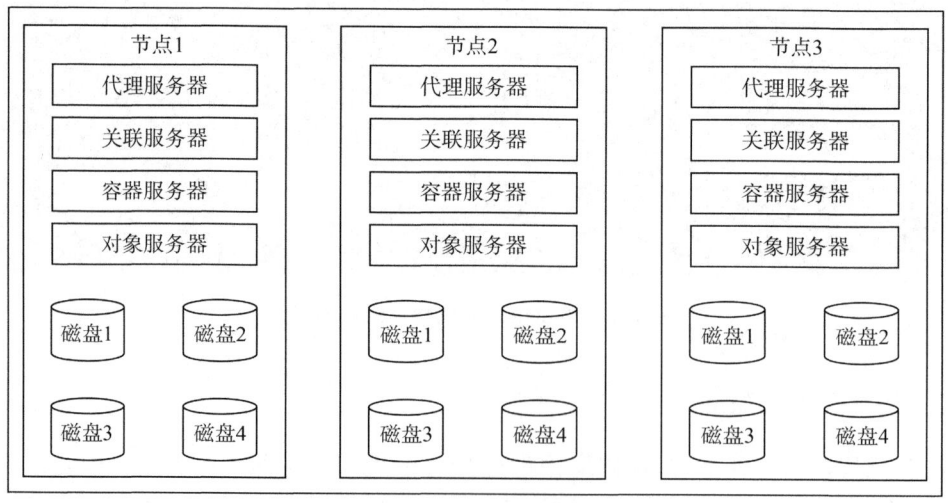

图 5.4　典型非对称式架构示意：FastDFS 架构

3. 生命周期存储策略

生命周期存储策略依据高校媒体资源的价值与时效性进行存储管理。对于新创建或近期使用频繁且具有较高价值的媒体资源，如当前学期的精品课程视频、重要学术讲座音频等，会将其存储在高速、高可靠性的存储设备或存储区域中，以保证其可以快速访问与具有良好的使用体验①。随着时间的推移,当这些资源的使用频率逐渐降低,例如上一学年或更早的课程视频,高校会将其迁移至相对低速、低成本的存储设备或云端的归档存储区域。例如,高校的教务处会定期对历年的课程教学资源进行评估,将超过一定年限且访问量较少的课程视频从本地的高性能服务器迁移到云存储的归档存储服务中,在降低存储成本的同时,仍然能够保证这些资源在需要时(如校友回顾、学术研究等)可被检索与访问。而对于一些已经失去价值或超过保存期限的媒体资源,如过期的临时活动宣传资料等,则会按照高校的数据销毁政策进行安全删除或销毁处理,释放存储资源。

第二节　资源组织架构与分类体系

一、资源组织架构

1. 基于职能部门的架构

在高校错综复杂且体系化的管理架构中,基于职能部门构建媒体资源组织架构成了整个体系稳定运行的根基性要素,具有不可替代的关键意义与基础性价值。

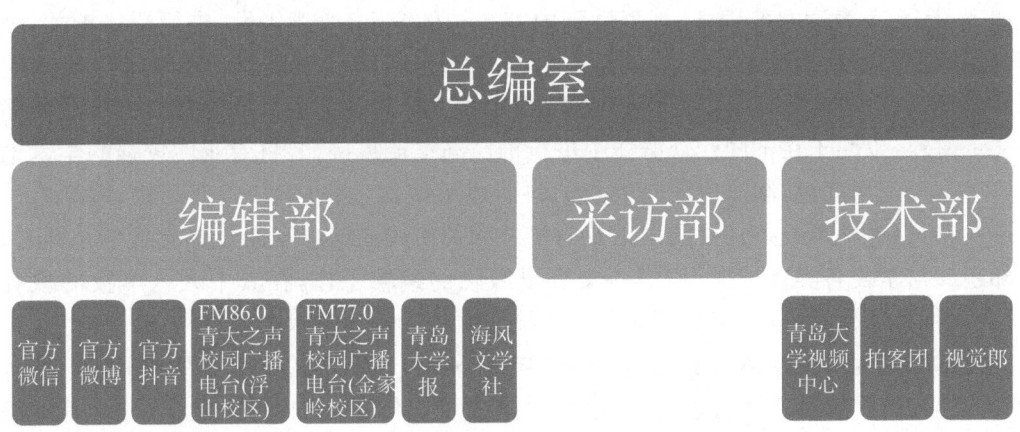

图 5.5　青岛大学融媒体中心公布的组织架构图

一般来说,宣传部在高校的形象建构与外向传播进程中占据核心地位,肩负着全面统筹与管理学校整体形象宣传相关媒体资源的核心使命。其管控范畴广泛涉及多元且丰富的媒体呈现形式,其中,新闻报道视频仿若校园动态演进的即时性影像记录者,凭借其生动逼真的画面呈现以及精确详实的解说旁白,精准且及时地捕捉与记录学校在学术探索领域的创新性突破、教学模式改革进程中的创新性实践、校园文化活动开展期间的精彩环节以及对外交流合作活动中的关键事件等诸多层面的卓越瞬间与具有重要影响力的重大

---

① 李浩.高校融媒体传播中华优秀传统文化的实践与创新探析:以西安外事学院为例[J].新闻研究导刊,2023,14(2):121-124.

事项。此类视频素材不仅在校园内部的新闻传播平台、电子显示终端等渠道予以播映展示,更是拓展对外宣传领域的关键媒介,借助学校官方网站、社交媒体账号以及各类教育专业媒体平台的广泛传播路径,向社会各界全方位地展现学校所蕴含的蓬勃活力与深厚实力底蕴。校园活动照片则以静态化的影像形式,精准地定格校园生活历程中的每一个极具价值与意义的珍贵时刻,无论是具有庄严神圣仪式感的毕业典礼场景、充满活力与热情的校园文化节盛况,抑或是竞争激烈且充满紧张氛围的学术竞赛画面、饱含温情与感人元素的师生互动瞬间,均被系统地记录与留存①。这些照片不仅成为学校校史档案资料体系中的关键组成部分,还在学校宣传画册编纂、展览展示活动组织以及网络宣传推广等多方面频繁出现与应用,凭借其直观性的视觉传达效能,有效地传递出学校独特的文化气息与浓厚的人文情怀特质。学校形象宣传海报则进一步以艺术化的设计手法与简洁有力且富有内涵的文字表述,将学校的办学理念、特色优势资源、师资队伍力量状况以及长远发展愿景等核心关键信息高度浓缩与精炼地呈现于视觉画面之上,从而成为学校在各类招生宣传推广活动、学术交流研讨活动、社会公益实践活动等多元场合中不可或缺且极具代表性的形象展示载体与工具。

除宣传部外,编辑部在高校媒体资源管理体系中亦承担着重要职责。编辑部主要聚焦于对各类文字性媒体资源的策划、编辑与审核工作。其工作涵盖对学校新闻稿件的深度加工,从文字表达的准确性、规范性到内容结构的合理性、逻辑性,进行严格把关,确保新闻报道能够精准传达学校相关信息且符合学术与新闻传播规范。在学术成果宣传方面,编辑部负责将教师与学生的科研成果、学术论文等转化为通俗易懂且具有广泛传播性的文字材料,以便于在不同受众群体中进行推广与交流。例如,将专业性较强的学术论文摘要进行提炼与润色,制作成面向大众的科研成果简报,通过学校内部刊物、网站专栏等渠道发布,促进学术成果在校园内以及与校外相关机构的信息互通与交流共享。同时,编辑部还参与学校各类宣传册、校报等文字出版物的编辑工作,在其中融入学校的教育理念、文化特色等元素,以文字的力量塑造学校的文化形象与学术声誉。

技术部则为高校媒体资源的有效管理与传播提供了坚实的技术支撑与保障。技术部负责构建与维护媒体资源管理平台,该平台集成了媒体资源的存储、检索、分类管理等功能。在媒体资源存储方面,技术部运用先进的存储技术与架构,确保海量的媒体资源,如视频、音频、图片及文档等能够安全、稳定地存储,并实现高效的数据备份与恢复机制,以防数据丢失或损坏。在检索功能上,技术部开发了智能检索系统,能够依据关键词、文件类型、时间范围等多维度参数进行快速精准的资源定位与查询,极大地提高了媒体资源的获取效率。对于媒体资源的分类管理,技术部依据不同的媒体类型、学科领域、使用场景等制定了科学合理的分类标准与目录结构,方便用户能够迅速找到所需资源。此外,技术部还负责校园媒体传播渠道的技术维护,如学校官方网站的媒体板块优化、社交媒体平台的技术对接与数据安全防护等工作,确保学校媒体资源能够在不同传播渠道中稳定、流畅

---

① 戴庆龙.地方高校融媒体建设路径探析:以南京信息工程大学为例[J].连云港职业技术学院学报,2022,35(4):75-79.

地传播,从而提升学校媒体资源的传播效果与影响力。

2. 基于项目流程的架构

在高校以项目为驱动的创新发展模式中,基于项目流程构建媒体资源组织架构展现出高度的适应性与有效性[1]。项目启动阶段是整个项目的奠基时期,此时创建专门的项目资源库具有至关重要的意义。项目资源库如同项目的信息中枢,集中存储着各类关键的媒体资源。项目策划文档作为项目的蓝图,详细阐述了项目的目标、背景、研究内容、技术路线、预期成果以及项目实施的详细计划,包括各个阶段的任务分解、时间节点安排、人员分工和预算规划等信息,为项目团队成员提供了清晰明确的行动指南。市场调研资料则是项目决策的重要依据,它涵盖了对市场需求、竞争态势、行业发展趋势等多方面的深入分析与研究结果,帮助项目团队准确把握项目的市场定位与发展方向。团队成员信息记录了参与项目的每一位成员的详细个人资料,包括姓名、专业背景、技能特长、联系方式以及在项目中的角色与职责等,便于项目负责人进行有效的团队管理与任务分配,确保项目团队成员之间能够高效沟通与协作。

3. 基于用户群体的架构

在高校媒体资源管理领域,基于用户群体的架构以其精准性与针对性脱颖而出,旨在满足不同用户群体在高校教育生态系统中的多样化需求。对于教师群体而言,教学辅助资源是其日常教学工作中不可或缺的得力工具。丰富多样的教学课件模板犹如一座素材宝库,涵盖了不同学科、不同课程类型以及不同教学风格的多种模板选择[2]。这些模板不仅在页面布局、色彩搭配等方面经过精心设计,更重要的是融入了先进的教学理念与教学设计思路,教师只需根据自己的教学内容和个人教学风格进行简单修改与完善,即可快速生成高质量的教学课件,大大节省了课件制作时间,使教师能够将更多精力投入教学内容的优化与教学方法的创新上。教学视频案例库则为教师提供了一个广阔的教学经验交流与学习平台,其中收录了来自本校优秀教师以及国内外知名教育机构的海量教学视频案例。这些案例涵盖了课堂教学组织的各个环节,从导入新课的巧妙方式到知识讲解的深入浅出,从课堂互动的有效开展到教学评价的科学实施,每一个案例都蕴含着丰富的教学智慧与实践经验。教师可以通过观看这些视频案例,学习借鉴他人的成功经验,反思自己的教学实践,不断提升自己的教学水平与教学艺术。学科知识拓展阅读资料则为教师深入研究学科知识、追踪学科前沿动态提供了丰富的信息源泉。这些资料包括学术专著、专业期刊文章、学科研究报告等多种形式,涵盖了学科领域内的最新研究成果、热点问题探讨以及未来发展趋势预测等内容,帮助教师拓宽教学视野,丰富教学内容,使课堂教学更具深度与广度。

专业研究资料对于教师开展学术研究具有举足轻重的地位。学术期刊数据库访问权

---

[1] 邵敏,谢良铨.浅析地方高校融媒体中心建设的破局之路[J].四川文化艺术研究,2022(1):51-55.
[2] 余映涛,温优华.论全媒体时代建强用好高校融媒体中心[J].伊犁师范大学学报,2022,40(4):79-84.

限为教师打开了一扇通往全球学术前沿的大门,使教师能够便捷地检索、下载国内外最新的学术研究成果,及时了解学科领域内的研究热点、创新方法以及学术动态。这些数据库收录了众多国际知名学术期刊的全文文献,涵盖了各个学科领域的顶尖研究成果,为教师提供了丰富的研究素材与灵感源泉。专业领域前沿研究报告则由学校科研管理部门或相关专业研究机构定期整理发布,报告内容聚焦于本专业领域内的最新研究进展、重大科研项目突破、新兴研究方向探索以及行业发展趋势分析等。这些报告通常邀请领域内的知名专家学者撰写或由专业研究团队通过深入调研与分析撰写而成,具有较高的权威性与参考价值。教师可以通过阅读这些前沿研究报告,精准把握学科发展脉搏,确定自己的研究方向与研究重点,为申请科研项目、开展科研合作以及发表高水平学术论文奠定坚实基础。

教育技术培训资源则致力于帮助教师紧跟时代步伐,熟练掌握新的教学技术与工具,提升教学信息化水平。在线教学平台使用教程为教师提供了详细、全面的操作指南,无论是主流在线教学平台如超星学习通、雨课堂等的基本功能操作,还是高级功能如课程设计、教学活动组织、教学数据分析等方面的应用技巧,都能在教程中找到详细的讲解与实例演示。多媒体课件制作培训视频则从课件设计的基本原则、美学原理出发,深入讲解多媒体素材的收集与处理方法、动画效果的制作技巧以及课件交互性设计的要点等内容,帮助教师制作出更加生动形象、富有吸引力与互动性强的多媒体课件。这些培训资源不仅以视频教程的形式提供,还结合线上线下培训课程、工作坊等多种形式开展培训活动,为教师提供实践操作与交流互动的机会,确保教师能够真正掌握并熟练运用这些教学技术与工具。

二、资源分类体系

1. 按资源来源分类

高校媒体资源按来源可分为校内自产资源、校外引入资源与师生个人资源。校内自产资源是高校自身教学、科研、管理等活动产生的媒体资源核心部分。教学方面,教师制作的教学课件、课堂教学视频录制、学生的课程作业作品(如论文、设计作品、实验报告等)都属于此类[①]。科研过程中,校内科研团队产生的实验数据记录、科研成果报告、专利申请文件等是重要的自产科研资源。管理活动产生的资源包括学校行政会议记录、校园规划设计文档、学校规章制度文件等。校外引入资源则丰富了高校媒体资源的多样性,例如:购买的学术数据库访问权限,其中包含海量的国内外学术期刊论文、研究报告等文献资料;与其他高校或机构合作交流引入的课程资源、学术讲座视频、联合科研项目资料等;从网络公开渠道筛选整理的优质教育资源、行业动态资讯等。这些资源有助于高校师生拓宽视野,紧跟学术前沿与行业发展趋势。师生个人资源是高校媒体资源的重要补充,教师个人的学术研究心得文档、教学经验分享视频、参加学术会议的资料整理等,学生个人

---

① 金云云.媒体融合视域下高校融媒体中心建设研究与探索[J].新闻研究导刊,2022,13(23):133-135.

的创意作品（如摄影作品、文学创作、艺术设计作品等）、学习笔记与总结、个人成长记录视频等，这些资源体现了师生的个性与创造力，在一定条件下也可实现校内共享与交流，促进校园文化的多元发展与知识传承创新。

2. 按时间序列分类

按照时间序列对高校媒体资源进行分类有助于追溯资源的历史发展脉络与时效性管理。从年度维度划分，可将资源归为不同学年或年度批次。例如，每学年的教学资源可单独分类，包括该学年开设课程的所有相关媒体资源，这样便于教学管理部门对教学资源的更新迭代、进行教学效果评估以及对历史教学资料的存档查询。科研资源也可按年度梳理，清晰呈现学校科研项目的逐年进展与成果产出变化。从项目周期或活动周期角度，可将资源分为项目筹备期、执行期、结项期资源，或校园活动的筹备阶段、举办阶段、总结阶段资源等。以校园文化节为例，筹备阶段的策划方案、宣传推广资料，举办阶段的现场照片、视频报道，总结阶段的活动总结报告、成果展示资源等按时间顺序分类存储，有利于全面回顾活动过程，总结经验教训，为后续类似活动提供参考借鉴。此外，对于一些具有长期保存价值的历史资源，如学校建校初期的珍贵照片、早期的教学大纲与教材、重要历史事件的记录资料等，可单独设立历史档案资源分类，进行特殊保护与管理，传承学校的历史文化底蕴。

3. 按资源价值等级分类

依据资源价值等级对高校媒体资源进行分类可实现资源的差异化管理与重点保护。核心价值资源是对高校教学、科研、声誉等具有决定性影响的资源，如国家级科研项目成果、国家级精品课程资源、学校荣获的重大奖项相关资料（如诺贝尔奖得主在本校的研究成果资料、国家级教学成果奖申报材料等）、学校的历史文化遗产资源（如具有百年历史的校史文献、名人手迹等）。这些资源需要采用最高级别的安全防护措施，包括多副本存储、严格的访问权限控制、专门的存储环境与备份机制等。重要价值资源则涵盖省级教学科研成果、校级重点课程资源、学校特色专业建设资料、重要学术会议主办资料等。这类资源在保障安全存储与合理访问的同时，注重资源的整合与推广应用，例如将校级重点课程资源进行校内共享与优化整合，提升整体教学质量。一般价值资源包括普通课程教学资料、一般性科研项目过程资料、校园日常活动报道资源等，管理重点在于确保资源的有序存储与便捷检索，以满足师生日常教学科研与校园生活的基本需求。低价值资源如过期的临时活动通知、已被替代的旧版教学资料等，可定期进行清理或迁移至低成本存储区域，以释放存储空间，管理资源，提高资源管理的整体效率[①]。

通过构建科学合理的资源组织架构与分类体系，高校能够在数字时代更好地应对媒体资源管理的复杂性与多样性，实现资源的高效存储、精准检索、安全保护与充分利用，为高校的教学、科研、文化传承与创新发展提供坚实有力的支撑与保障，同时也为高校媒体资源管理的进一步优化与拓展奠定坚实基础，适应不断变化的教育技术环境与社会需求。

---

① 倪松涛，杨涛.高校融媒体中心建设的现状、困境和发展方向[J].传媒，2022(23):30-33.

第六章

高校媒体资源的检索与共享服务

第一节　检索技术与工具

一、检索技术

1. 基于文本的检索技术

当今数字化信息呈爆炸式海量增长之时代背景下，基于文本的检索技术业已成为个体迅速定位并获取所需信息的核心手段。该技术于诸多领域广泛应用，而在高校媒体资源管理、图书馆信息服务以及互联网搜索引擎等特定场景中，其重要性尤为彰显，发挥着极为关键且不可或缺之作用。基于文本的检索技术涵盖关键词检索、布尔检索、全文检索以及语义检索等多种类型，且各类型皆具其独有的内在原理与别具一格的应用特性。

关键词检索作为一种基础性的文本检索技术，其运作机制在于用户输入一个或多个关键词后，系统将在媒体资源的多元文本范畴，诸如标题、正文以及元数据等内容里，对包含这些关键词的资源予以精准探寻。以高校新闻数据库为例，当用户输入特定关键词"Journalism（新闻学）"时，系统便会全面筛查并反馈所有标题或内容与Journalism（新闻学）相关联的新闻文章、活动通知等媒体资源。该检索方式在针对具有明确主题的媒体资源进行快速定位时颇具成效，诸如教师在寻觅特定课程相关教学资料，抑或学生在查找某一学科竞赛报道等情形下均可使用。为提升关键词检索的召回率，可采取对关键词实施同义词扩展、词干提取等技术操作策略。例如，针对关键词"计算机"，同步检索其同义词"电脑""PC"等，以此达成获取更为全面且丰富检索结果之目的。

图 6.1　关键词检索示例图

布尔检索是借助布尔逻辑运算符(诸如 AND、OR、NOT 等)对关键词予以组合,进而精确地表述检索需求的一种检索方式。具体而言,当运用"人工智能 AND 机器学习"这一检索表达式时,其旨在精准地检索出同时涵盖"人工智能"与"机器学习"这两个关键词的媒体资源,而"大数据 OR 数据挖掘"的检索式则会返回包含"大数据"或者"数据挖掘"的相关资源。布尔检索在应对检索条件需进行复杂组合的情境时彰显出极高的实用性,例如在科研人员探寻既关联某种特定实验方法又与特定研究对象紧密相关的文献资料时,抑或在排除某些不相关主题资源的过程中,其优势尤为突出。为确保检索逻辑的精确性与严谨性,须合理运用括号来明确布尔逻辑运算符的优先级顺序。例如,"(人工智能 OR 机器学习) AND 高校科研"这一检索表达式能够精准无误地定位出高校科研范畴内与人工智能或机器学习存在关联的资源。

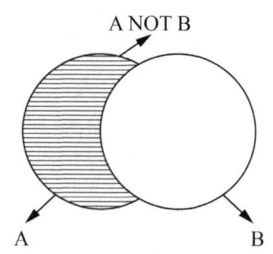 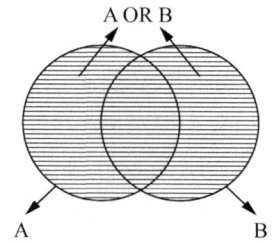 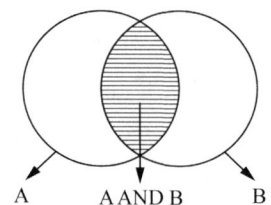

图 6.2　布尔检索示例图

全文检索是针对媒体资源的整体文本内容开展索引构建与检索操作,并非局限于标题或摘要部分。具体而言,系统会运用特定算法将文本内容拆解为单词或词组形式,并构建相应索引体系,以此达成迅速定位包含用户输入关键词资源之目的。例如,在篇幅较长的学术论文情境中,全文检索能够精准定位关键词出现于正文中间段落的资源。对于诸如学术著作、研究报告等内容繁杂的长篇文本资源而言,全文检索展现出更强的全面性优势,可更为广泛地挖掘相关内容。此外,为进一步提升检索效能,尤其是针对重要内容的检索效果,可通过设定检索权重的方式,对标题、正文等不同部分的关键词匹配赋予差异化的优先级,从而优化检索结果的精准度与相关性。

语义检索是依托自然语言处理技术,以深度理解用户查询语义为核心目标,而非单纯依赖于关键词匹配的检索模式。其具备剖析句子语法结构、语义关联的能力,能够精准识别诸如同义词、近义词、上下位词等语义层面相关联的词汇集合。例如,当用户输入"如何提高学生的创新能力"这一查询语句时,语义检索系统可凭借其语义理解机制洞察其中蕴含的意图,进而反馈包含教学方法、创新实践活动等高度相关内容的媒体资源,即便这些资源中不存在与查询语句完全一致的表述形式。在应对需深入理解复杂问题或概念的检索场景时,语义检索展现出卓越的有效性,诸如教师在探索新型教学理念过程中,以及学生于课题研究阶段查找相关理论与实践案例之际,其价值尤为凸显。为持续增进语义理解的精准度与可靠性,须不断对语义模型予以更新及优化,并有机融合高校特定领域的词汇表与知识图谱,从而构建更为完善且高效的语义检索体系。

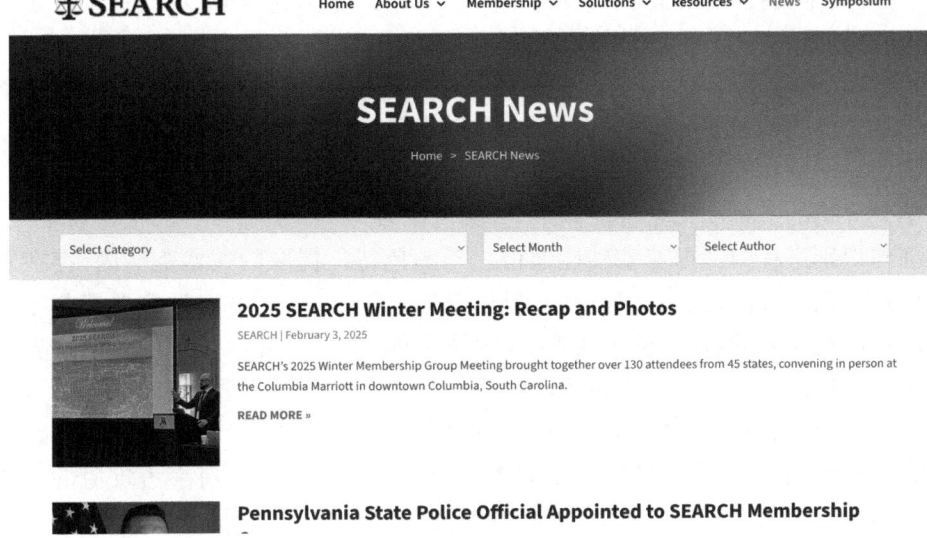

图 6.3　全文检索示例图

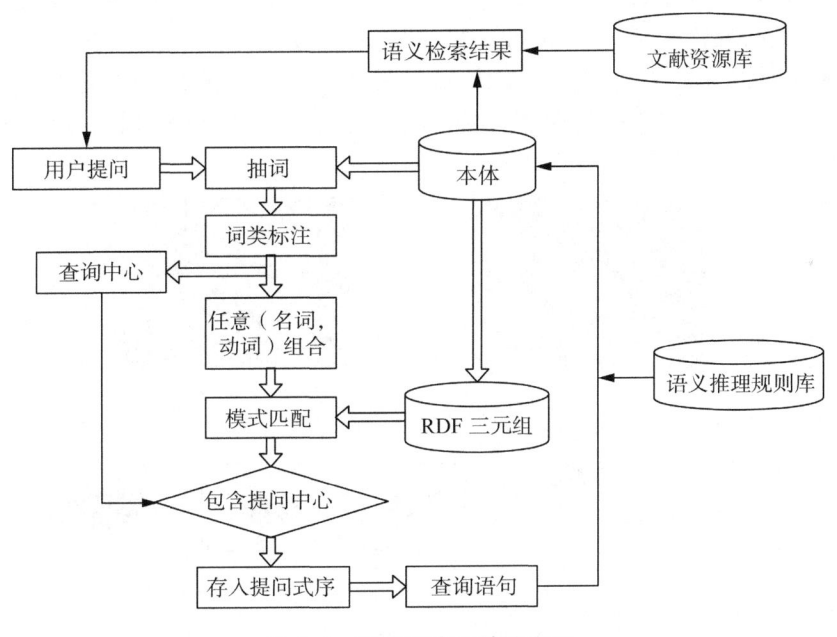

图 6.4　语义检索系统流程图

2. 基于多媒体(图像、音频、视频)的检索技术

(1) 基于内容的图像检索(CBIR)

提取图像的视觉特征,如颜色、纹理、形状、空间关系等,将这些特征转化为数字向量,通过计算向量之间的相似度来检索相似图像。例如,对于校园风景照片,用户可以通过选择一张参考照片,让系统检索出颜色和构图相似的其他校园风景图像。在高校的图片库

管理中，方便师生查找相似的教学素材图片（如实验设备图、生物标本图等）、校园活动照片（如运动会场景、文艺演出场景等）。结合图像的元数据（如拍摄时间、地点、主题等）进行综合检索，可提高检索的准确性。同时，可以采用深度学习算法，如卷积神经网络（CNN）来提取更高级的图像特征。

①图像分析的特征体系

在图像分析的多维度视觉特征体系里，颜色作为其中极具直观性的关键特征之一，在图像表征与识别进程中占据着基础性地位。于颜色特征提取的技术范畴内，存在着多种被广泛应用的描述方法，其中，颜色直方图是较为常见的一种。该方法主要聚焦于对图像内不同颜色出现频率的量化统计，在其统计逻辑构建中，并不纳入颜色的空间位置信息考量。以一幅典型的校园风景照片为例，借助颜色直方图的分析手段，能够清晰地获取诸如绿色（其在图像场景中大概率对应草地）、蓝色（通常可表征天空）等不同颜色在整幅图像中的分布比例关系，从而为图像的初步分类与场景识别提供了具有参考价值的颜色维度信息。除颜色直方图外，颜色矩亦是一种在颜色特征描述领域颇具效能的方法。其核心原理是基于图像颜色的统计矩展开对颜色特征的描述。具体而言，涵盖了：一阶矩（即均值），其能够反映出图像颜色的平均强度水平；二阶矩（方差），可用于刻画颜色分布的离散程度，体现颜色的变化幅度；三阶矩（偏度），则从颜色分布的对称性角度提供了特征描述。通过这三个维度的综合考量，颜色矩能够以一种更为精炼简洁的方式呈现出图像颜色分布的核心特性，为后续基于颜色特征的图像检索、分类以及内容理解等应用提供有力的技术支撑。

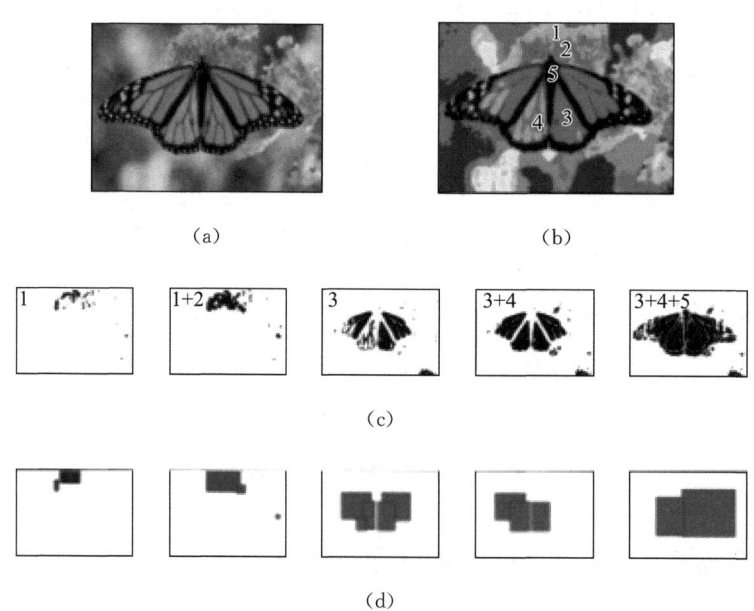

图6.5　图像匹配中的颜色集表达

在图像特征提取的技术框架中，纹理特征作为刻画图像表面特性的重要维度，其核心内涵体现为图像表面所呈现出的灰度变化模式。针对纹理特征的提取，存在着一系列行之有效的方法，其中，灰度共生矩阵（GLCM）是在该领域被广泛运用的经典技术手段。GLCM 的核心运作机制在于通过精确计算图像中不同灰度值的像素对在特定方向以及特定距离上的出现频率，以此为基础构建起对纹理多维度特性的量化描述体系，进而实现对纹理粗细程度、方向属性以及周期性规律等关键特征的有效表征。例如，在以木质纹理为典型代表的图像样本中，借助 GLCM 的分析能力，可以精准地捕捉到木纹所特有的方向走向以及其粗细变化的程度信息，为基于纹理特征的图像识别、分类以及质量评估等应用场景提供了极具价值的纹理特征数据。与此同时，局部二值模式（LBP）亦在纹理特征提取领域展现出卓越的有效性。其独特的操作流程是通过将中心像素与其邻域像素的灰度值进行逐一比较，进而把邻域像素依据比较结果转化为二进制编码形式，最终以统计这些二进制码的分布规律作为核心手段来达成对纹理特征的描述目的。这种基于局部像素关系构建的纹理特征提取方法，在处理图像局部纹理细节以及应对光照变化等复杂情况时表现出较强的适应性与稳定性，为图像纹理分析在多领域的应用拓展提供了有力的技术补充。

在图像分析与理解的技术体系里，形状特征提取是一项关键任务，其主要聚焦于对图像中物体的轮廓或区域形状进行精确描述与表征。针对具有显著物体形状的图像，边界描述符作为一种重要的形状特征提取手段应运而生，其中，链码便是具有代表性的边界描述符之一。链码的核心原理在于通过系统地记录物体边界的方向序列信息，从而构建起对物体形状的有效表示模型。这种基于边界方向序列的描述方式，能够以一种简洁且具有几何直观性的形式捕捉物体形状的关键信息，为后续基于形状特征的图像分析任务，如形状识别、形状匹配等提供了基础数据支持。除边界描述符外，基于区域的形状描述符在形状特征提取领域亦占据着重要地位。矩不变量作为一种典型的基于区域的形状描述方法，具备独特且卓越的特性，即平移、旋转和尺度不变性。这一特性使得矩不变量在面对物体位置变动、角度旋转以及大小缩放等复杂几何变换情况时，依然能够稳定且有效地对不同形状进行精准区分与识别。例如，在教育领域针对几何图形相关教学图像的检索应用场景里，矩不变量凭借其强大的形状描述能力，可以准确无误地识别出圆形、方形等不同几何形状的图像，为教学资源的高效检索与精准利用提供了坚实的技术保障，极大地提升了教学图像资源管理与应用的智能化水平。

在图像特征提取的多元维度中，空间关系特征提取有着重要意义，其旨在对图像内不同物体或区域之间所存在的位置关系进行精准描述与量化表征。具体而言，空间关系特征承载着揭示图像中各元素相互位置布局的关键信息，是深入理解图像语义内容的重要依据。例如，在一幅涵盖多个建筑物的校园地图图像情境下，空间关系特征便发挥着独特作用，其能够清晰地呈现出各个建筑物之间的相对位置状况，诸如相邻关系即表明两建筑物在空间上相互毗邻，包含关系则体现出某一建筑物处于另一建筑物所涵盖的空间范围之内等多种位置关联情况。就空间关系特征的提取方法而论，其核心流程主要是先对图像实施分割操作，借助先进的图像分割技术，将图像划分为若干不同的区域，进而明确各个独立的物体或具有特定语义的区域范围。在此基础上，运用拓扑学相关原理与分析方法，深入剖析这些已确定区域之间的拓扑关系，通过对诸如连通性、邻接性以及包含性等拓扑属性的细致探究,实现对空间关系特征的有效提取,为后续基于空间关系特征的图像理解、检索以及场景分析等应用场景提供坚实且准确的特征数据基础。

②图像检索技术在高校的应用

在高等教育教学实践的复杂生态体系中,基于内容的图像检索(CBIR)技术彰显出其独特且不可替代的应用价值,为高校教学活动的高效开展提供了强有力的图像资源获取支撑。具体而言,在高校教学场景中,CBIR 技术凭借其高效的图像内容分析与检索能力,能够助力教师迅速定位并获取契合教学需求的图像资源。

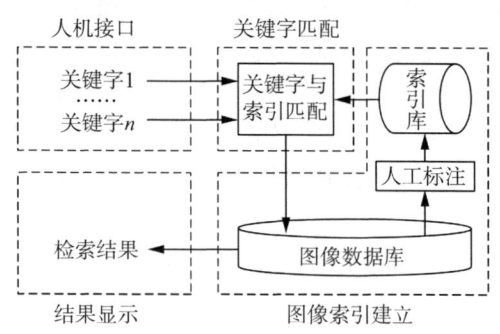

图 6.6　图像检索过程

物理实验教学情境之下,教师可借助 CBIR 技术,仅需输入一张特定实验仪器的参考图像,系统便能精准地检索出众多相似的实验仪器图像。这些检索所得图像可被有效整合运用,一方面用于制作教学课件,以丰富教学内容的可视化呈现形式,另一方面可直接在课堂教学过程中展示不同型号仪器的外观、结构及功能特性,增强学生对实验仪器的直观认知与理解深度。同样,在生物学科的教学进程里,教师能够充分利用 CBIR 技术,通过对生物标本图像特征的检索操作,快速挖掘出具有相似特征的标本图像资源。此类图像资源在课堂教学中可作为对比讲解生物形态结构的关键素材,通过对不同生物标本图像在形态、纹理、颜色等多维度特征的对比分析,引导学生深入探究生物物种间的亲缘关系、进化历程以及生理结构差异,有效提升生物学科教学的质量与效果。

从科研视角审视,CBIR 技术亦在高校科研人员的图像数据挖掘与分析工作中发挥着极为重要的助力作用。在材料科学研究领域,研究人员常常需要对海量的材料微观结构图像进行深入研究与分析。借助 CBIR 技术,研究人员可依据材料微观结构图像所呈现出的独特特征,快速且精准地检索出具有相似微观结构的图像数据集合。这些相似图像资源能够为研究人员深入剖析材料性能与结构之间的内在关联提供丰富且有价值的参考依据,有助于加速材料科学研究的创新进程与成果转化效率。

在医学影像研究这一高度专业化且对图像精度与准确性要求极高的领域,CBIR 技术同样展现出其卓越的应用潜力。医生与研究人员可依据病变部位图像所展现出的特定特征,如病变区域的形状、大小、灰度分布以及纹理特征等,运用 CBIR 技术在庞大的医学影像数据库中迅速检索出类似病例的影像资料。这些检索所得的类似病例影像不仅可为医生在疾病诊断过程中提供多维度的参考视角,降低误诊风险,提升诊断准确性,同时也可为医学研究人员深入探究疾病的发病机制、病理演变过程以及治疗效果评估等研究工作提供丰富的实证数据与研究思路,有力推动医学影像研究领域的学术进步与临床实践水平提升。

此外,在高校宣传部承担的校园活动宣传与文化传播工作中,CBIR 技术亦扮演着不可或缺的角色。宣传部工作人员可凭借一张具有代表性的校园活动照片,借助 CBIR 技术强大的图像检索功能,快速地从校园活动照片库中检索出同一活动的其他精彩瞬间照片。这些照片资源可被巧妙地整合运用,用于制作活动回顾展板或极具吸引力的宣传视频,通过多视角、全方位地展示校园活动的精彩全貌,有效提升校园文化传播的广度与深度,增强校园文化在师生群体及社会各界中的影响力与感染力。例如,在校园运动会照片库管理与宣传应用场景中,工作人员仅需提供一张跑步比赛的照片作为检索基准,CBIR技术便能高效地检索出其他跑步比赛项目的照片,全面呈现不同项目运动员的竞技风采,同时还可检索出观众欢呼雀跃的场景照片,生动展现校园运动会现场热烈的氛围与积极向上的精神风貌,为校园活动宣传素材的丰富性与多样性提供了坚实保障。

(2) 基于内容的音频检索(CBAR)

于当今数字化多媒体资源呈现蓬勃发展态势之学术与实践语境下,基于内容的音频检索(CBAR)作为一项具有关键意义的信息检索技术范式,正逐步演进成为高校等知识高度密集型机构在音频资源管理及利用维度的核心工具。其运作机制是通过深度挖掘音频内容所蕴含的自身声学特征,达成对音频资源的精确检索之目标,进而为音频数据于教学、科研以及文化活动等多元领域的切实有效利用构筑起坚实的技术支撑架构。

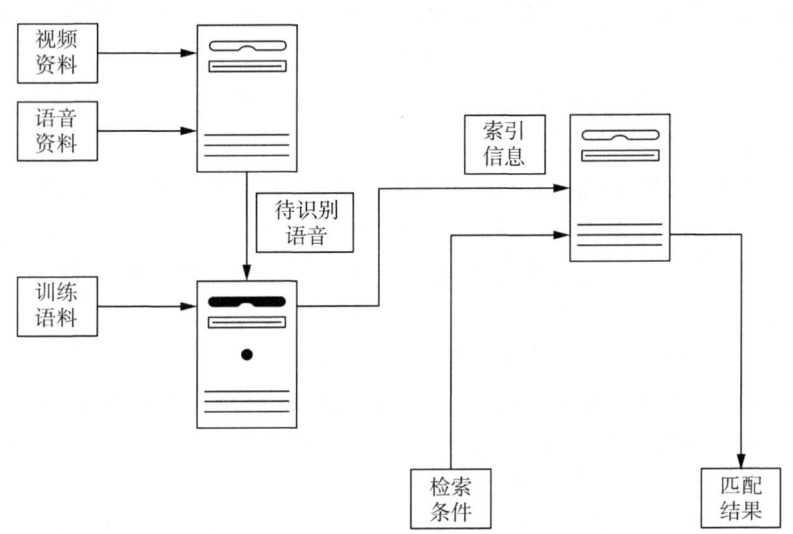

图 6.7　基于内容的音频检索图

在基于内容的音频检索(CBAR)领域,首要的关键步骤在于对音频的声学特征进行精准提取,涵盖音调、音色、节奏以及响度等多个维度,旨在将复杂的音频信号转换为便于后续操作的特征向量，进而服务于相似度计算这一核心环节。以高校音乐课程资源应用场景为例，用户可凭借哼唱一段旋律的方式，借助相应系统检索出包含相似旋律的音乐作品；而在语音类资源检索情境中，则可通过语音内容的关键词检索与声学特征匹配相结合的策略来查找关联音频，充分彰显出声学特征在音频检索过程中的重要价值。

就常用的声学特征提取方法而言，梅尔频率倒谱系数（MFCC）备受关注且应用广泛。其具体操作机制为，先是针对音频信号开展傅里叶变换，促使时域信号成功转换至频域信号，随后在梅尔频率尺度范畴内展开深度分析，由此获取能够切实反映音频音色与音调特征的相关系数。例如，在语音识别的专业应用场景中，不同的元音和辅音各自具备独有的 MFCC 特征，而正是凭借这些特征上的差异，方可实现对不同语音内容的有效区分，为语音识别工作的准确性奠定了坚实基础。除 MFCC 之外，线性预测编码（LPC）亦在音频特征提取工作中发挥着关键作用，其核心功能聚焦于提取音频的声道特征，对于深入剖析音频在声道传播过程中的特性变化意义重大。同时，短时能量以及短时过零率等特征能够从不同角度对音频的响度和节奏变化予以有效描述，与其他特征相互补充，共同构建起音频声学特征的完整表征体系。

上述各类声学特征在经过提取操作后，皆会被转化为数字向量的形式，以契合后续相似度计算的要求。在音频成功转换为特征向量的基础上，CBAR 系统将依托既定的相似度计算方法来执行检索任务，而可供选用的相似度计算方法呈现多样化特点，诸如欧几里得距离和余弦相似度等皆为典型代表。其中，欧几里得距离着重衡量两个向量在空间中的几何距离，直观体现向量间的差异程度；而余弦相似度则侧重于考量两个向量的方向一致性，聚焦向量间的相对角度关系。例如，当用户向系统提交一个查询音频（如一段音乐旋律或语音片段）时，系统会自动将该查询音频的声学特征向量与数据库中所存储的众多音频特征向量逐一进行相似度计算。倘若计算所得的相似度数值超越了预先设定的阈值范围，那么便判定这些音频在内容层面具备相关性，进而将与之相关的音频筛选出来，作为检索结果反馈给用户，从而实现基于内容的音频精准检索目的。

在高校的音乐教学中，CBAR 技术有着广泛的应用。教师可以利用它来查找具有相似旋律、节奏或和声的音乐作品。例如，在教授音乐创作课程时，教师可以通过输入一段经典音乐片段，检索出与之风格相似的其他音乐，用于分析和比较不同音乐风格的特点，帮助学生拓展音乐创作思路。对学生来说，CBAR 技术可以用于音乐欣赏和学习。学生可以通过哼唱一段旋律，让系统检索出包含相似旋律的音乐，从而发现更多自己喜欢的音乐作品。同时，在学习乐器演奏时，学生可以通过检索相似节奏的音乐练习曲目，提高演奏技巧。在高校外语教学中，CBAR 技术可以用于语音学习。教师可以检索出某种语言发音相似的音频范例，用于纠正学生的发音。例如，对于汉语普通话中的四个声调，教师可以通过检索具有相似声调模式的音频，帮助学生更好地理解和掌握声调的发音。学生在进行口语练习时，也可以通过 CBAR 技术查找与自己发音相似的标准音频，来进行对比和改进。此外，在语言听力训练中，CBAR 可以根据听力材料的内容、语速、语音特点等进行检索，为学生提供更具针对性的听力练习资源。在校园活动音频管理方面，如学校的文艺演出、学术讲座等活动的音频记录，CBAR 技术可以帮助快速定位和检索特定内容的音频。例如,在整理历年学术讲座音频时,可以通过讲座主题或演讲者的语音特征来检索相关音频,用于知识回顾和资源共享。

深度学习技术可以进一步提升 CBAR 的性能。卷积神经网络(CNN)和循环神经网络(RNN)等深度学习模型可以自动学习音频的高级特征,比传统的声学特征提取方法更加有效。例如,使用深度神经网络可以学习到音频中的复杂音乐模式或语言语义结构。通过在大规模音频数据集上进行训练,这些模型可以更好地理解音频内容,从而提高检索的准确性和召回率。

（3）基于内容的视频检索(CBVR)

在多媒体信息爆炸式增长的当代学术与实践环境中,基于内容的视频检索(CBVR)作为一种前沿的信息检索技术,在高校等知识密集型机构的视频资源管理与利用中发挥着日益重要的作用。它突破了传统基于文本标签的视频检索局限,通过深度挖掘视频内容本身的特征,为视频资源的高效检索和精准利用提供了有力的技术支撑,在教学、科研、校园文化传播等多个领域展现出巨大的应用潜力。

图 6.8　基于内容的视频检索

①特征提取

在基于内容的视频检索(CBVR)体系架构中,帧图像特征提取占据着基础性地位。鉴于视频本质上是由一系列连续的帧所构成,故而针对帧图像开展特征提取工作便成为 CBVR 的核心基石,且此过程与基于内容的图像检索(CBIR)所运用的特征提取方法存在诸多相似之处。

具体而言,针对视频中的每一帧,须从多个维度提取视觉特征,涵盖颜色、纹理以及形状等关键要素。例如,在颜色特征提取方面,常运用颜色直方图这一方法,对每帧内不同颜色的分布情况予以精准统计,通过量化各颜色出现的频次等信息,为后续的分析与检索奠定基础。就纹理特征提取而言，灰度共生矩阵是一种行之有效的手段，借助其可计算图像中不同灰度值的像素在特定方向与距离上的出现频率，进而实现对纹理特征的有效捕捉，清晰地呈现出纹理的粗细、方向以及周期性等特性。而在形状特征提取上，则借助边界检测算法来达成，该算法通过识别与界定物体边界，精准提取出物体形状特征，从而为区分不同物体形态提供有力依据。以校园活动视频这一具体应用场景为例，在那些包含舞台表演的帧画面中，借助上述特征提取方法：能够分别提取出演员服装所呈现出的颜色特征，这有助于对服装色彩搭配等视觉元素进行分析；能够获取舞台背景所蕴含的纹理特征，如通过纹理判断背景材质或装饰风格等；还能够提取出舞台道具的形状特征，为道具的识别与分类提供参照：进而为基于内容的视频检索在校园活动视频资源管理等领域的有效应用提供了丰富且细致的视觉特征数据支撑。

在多媒体信息处理领域，尤其是在基于内容的视频检索（CBVR）情境下，运动特征提取具有至关重要的意义，其根源在于视频相较于其他静态视觉媒体的独特属性，即视频蕴含着丰富的运动信息。于诸多运动特征提取方法之中，光流法作为一种被广泛应用的典型手段，展现出显著的有效性。光流法的核心原理在于通过严谨计算相邻帧之间像素的运动矢量，以此实现对视频中物体运动方向以及运动速度的精确描述。例如，在体育比赛视频这一具体应用场景中，借助光流法的强大功能，能够精准地追踪运动员在赛场上的运动轨迹，并且可以深入分析运动员所处的各种运动状态，诸如对其奔跑速度的量化测定以及跳跃方向的准确判断等，为后续针对体育比赛视频内容的深度分析与精准检索提供了极具价值的数据基础。此外，基于块的运动估计亦是一种不容忽视的运动特征提取方法。该方法通过将视频帧划分为多个逻辑块，进而针对每个块细致计算其在相邻帧之间所产生的位移情况，通过对各块位移信息的整合与分析，最终构建出整个视频中的运动模式全貌。这种方法在处理复杂运动场景以及多物体运动交互的视频内容时，能够从整体层面有效捕捉视频的运动特征，为基于内容的视频检索系统提供了另一种维度的关键信息，与光流法等其他方法相互补充，共同助力视频运动特征提取工作的高质量完成，进而推动CBVR技术的进一步发展与应用。

②相似度计算与检索

在基于内容的视频检索（CBVR）流程中，帧间相似度计算是一个关键环节。当完成对视频各类特征的提取操作后，为了达成精准检索视频资源之目的，便须着手开展视频之间相似度的计算工作。就视觉特征层面而言，计算每帧之间的相似度乃是一种被广泛采用的常规方法。具体而言，可运用多种量化手段来衡量帧间相似度，例如，借助计算两帧图像的颜色直方图相似度这一方式，通过比对两帧图像中不同颜色分布的相似程度，为判断帧间视觉相似性提供直观依据，抑或是通过考量纹理特征向量的欧几里得距离，以向量空间中两纹理特征向量的距离远近，来精准反映两帧图像在纹理特征方面的相似度情况。

以系列讲座视频为例，在面对众多不同的讲座视频资源时，为了初步判定其视频内容的相关性，可着重比较不同讲座视频里相似知识点讲解部分的帧图像相似度。通过严谨分析这些对应部分帧图像在颜色、纹理等视觉特征上的相似程度，进而从帧间相似度的角度出发，为整体判断视频内容是否具备关联性提供初步且重要的参考依据，以此助力后续更为深入、精准的视频检索操作以及内容相关性分析工作,为基于内容的视频检索技术在知识传播类视频资源管理与利用等方面的有效应用奠定基础。视频片段相似度计算:除了帧间相似度,还需要考虑视频片段的整体相似度。这可以通过综合考虑视频片段内各帧的相似度以及帧的时间序列关系来实现。例如,采用动态时间规整算法(DTW),它可以在时间轴上对两个视频片段进行弹性匹配,即使它们的节奏和时长不同,也能找到最佳的匹配路径,从而计算出视频片段的相似度。在体育赛事视频中,通过 DTW 算法可以比较不同比赛中相似动作片段(如进球瞬间)的相似度,而不受比赛时长和具体动作节奏差异的影响。

多模态相似度综合计算:由于视频包含多种模态的信息(视觉、音频、文本),综合考虑这些模态的相似度可以提高检索的准确性。可以通过加权求和等方式将视觉、音频和文本特征的相似度进行综合。例如,在对一部电影视频的检索中:对于一部以音乐为主题的电影,在计算其与其他电影视频的相似度时,可以适当提高音频相似度的权重;对于一部以剧情对白为主的电影,则可以提高文本相似度的权重。

在高校教学中将其用于教学视频管理与学习,当教师在准备课程时,可以利用 CBVR 技术查找相关的教学视频素材。例如,在教授物理实验课程时,通过输入一个实验操作步骤的视频片段,检索出其他包含相似实验步骤、实验仪器操作或实验现象的视频。这些视频可以作为教学参考,提供不同的教学视角,帮助教师丰富教学内容。学生在复习或自学时,能够通过 CBVR 找到自己需要的视频内容。例如,在学习历史课程时,学生可以通过输入一个历史事件的关键场景描述(如战争中的某一战役场景),检索出包含该场景或相关历史背景讲解的视频片段,加深对历史事件的理解。在高校宣传部或学生会进行校园活动策划时,可以通过 CBVR 查找以往类似活动的视频。例如,在筹备校园音乐节时,通过检索以往音乐节的视频,包括舞台布置、表演流程、观众反应等内容,为本次活动的策划提供参考。在活动结束后,也可以通过检索同一活动的视频,制作活动回顾视频,用于宣传和纪念。校园电视台可以利用 CBVR 技术管理视频素材库。在制作新的节目时,工作人员可以通过检索以往节目中的相似片段,如新闻采访的标准镜头、专题节目中的相似案例等,提高节目制作效率。同时,在节目存档和检索时,能够更方便地找到与特定主题或类型相关的视频。

二、检索工具

1. 数据库管理系统(DBMS)

MySQL,是一种开源的关系型数据库管理系统,具有稳定性高、性能良好、支持多种操作系统等特点。它可以存储和管理大量的结构化媒体资源数据,如新闻文章的标题、作者、发布时间、内容等信息。通过结构化查询语言(SQL)进行检索操作,能够实现复杂的查询功能,如多表联合查询、嵌套查询等。适用于构建高校媒体资源的核心数据库,如校园新闻数据库、学术文献数据库等。例如,在校园新闻数据库中,可以通过 MySQL 存储新闻的各种属性,并使用 SQL 语句进行新闻的分类检索、时间范围检索等操作。

Oracle Database，是一款功能强大、安全性高的商业数据库管理系统。它提供了丰富的数据类型和高级的检索功能，支持大数据量存储和高并发访问。Oracle 数据库还具有良好的扩展性和数据完整性保障机制，能够处理复杂的业务逻辑和数据关系。对于高校中对数据安全性和完整性要求极高的媒体资源管理，如科研数据存储与检索、财务信息与媒体关联数据等场景非常适用。例如，在高校科研项目数据管理中，Oracle 数据库可以存储科研成果的详细信息，包括实验数据、研究报告、专利申请等，并提供高效准确的检索服务。

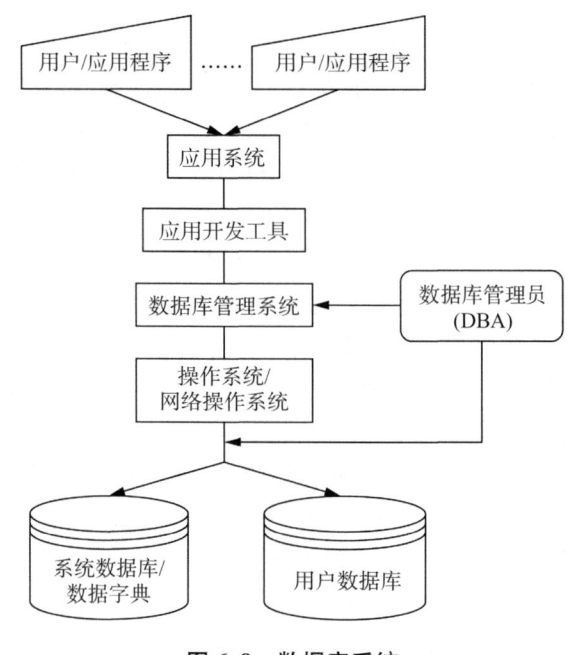

图 6.9　数据库系统

2. 搜索引擎软件

（1）Solr 搜索引擎

它是一个高性能、基于 Lucene 库的全文搜索引擎。它支持分布式搜索，能够快速索引和检索大量的文本内容。Solr 具有丰富的查询语法，包括关键词查询、模糊查询、范围查询等多种功能。它还可以通过配置插件来扩展功能，如进行中文分词、语义分析等。适合构建高校的文档库、知识库等文本媒体资源的搜索引擎。例如，在高校图书馆的电子文档资源管理中，Solr 可以对大量的学术论文、教材、报告等进行全文索引，方便师生快速检索到所需的文档内容。

（2）Elasticsearch 搜索引擎

它也是一个分布式的全文搜索引擎，具有实时性好、可扩展性强的特点。它能够处理多种类型的数据，包括文本、数字、日期等。Elasticsearch 使用倒排索引来提高检索速度，并且提供了强大的聚合功能，用于数据分析和筛选。它还支持与其他系统的集成，如通过

RESTful API 进行数据交互。搜索引擎,尤其适用于对日志数据、社交媒体数据等非结构化数据的检索。例如,在高校的新媒体平台数据管理中,Elasticsearch 可以对微博、微信公众号等平台的内容进行索引和检索,包括文章内容、评论、点赞数等信息。

3. 专门的媒体资源管理软件

(1) 数字资产管理软件(DAM)

这类软件专注于数字媒体资产的管理,包括图像、音频、视频等多种媒体类型。它通常提供强大的元数据管理功能,能够对媒体资源进行详细的分类、标注和版本控制。在检索方面,DAM 软件可以根据元数据、内容特征等多种方式进行检索,还支持预览功能,方便用户快速查看资源内容。DAM 在高校的宣传部、新闻中心、艺术学院等部门,用于管理大量的视觉和听觉媒体资源。例如,高校的宣传部可以使用 DAM 软件管理校园活动的照片、视频等素材,方便在制作宣传资料时快速检索和使用合适的媒体资源。

(2) 媒资管理系统(MAM)

MAM 系统是专门针对媒体资源的采集、存储、检索、共享等全流程管理而设计的。它整合了媒体制作和管理的各个环节,能够对媒体资源进行深层次的编目和检索。MAM 系统通常具有工作流程管理功能,支持媒体资源的审核、发布等流程,并且可以与其他制作设备和系统(如摄像机、非编系统等)集成。在高校的电视台、广播台等媒体制作单位广泛应用。例如,校园电视台可以利用 MAM 系统管理从节目策划、拍摄、剪辑到播出的全过程媒体资源,方便工作人员在制作新节目时检索以往的素材,提高制作效率。

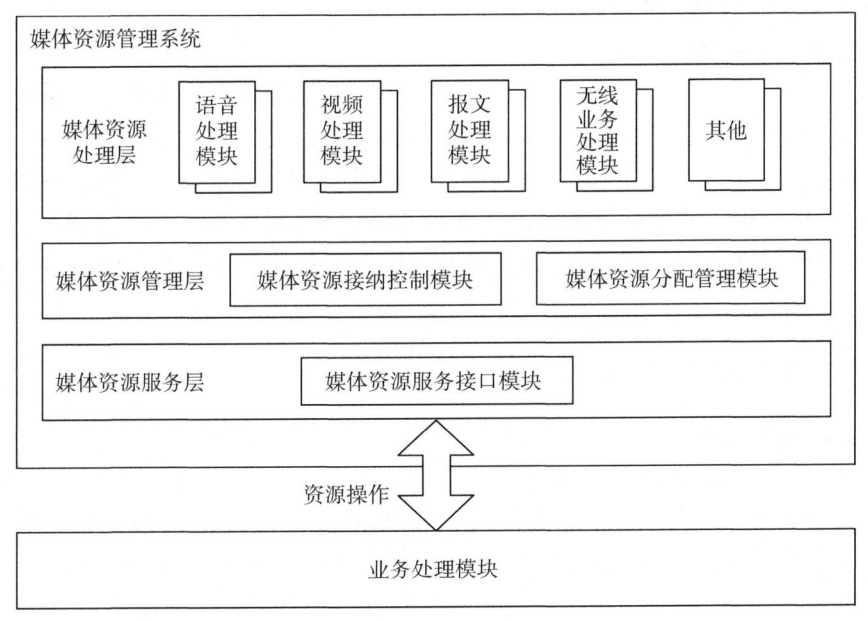

图 6.10　媒体资源管理系统

第二节　共享平台与服务模式

在当今数字化教育的时代背景下,高校媒体资源呈现出爆炸式增长的态势。这些资源涵盖了教学视频、学术讲座音频、校园活动图像等多种形式,对于教学、科研以及校园文化传播具有极其重要的价值。为了实现高校媒体资源的高效管理与最大化利用,构建共享平台并建立与之相适配的服务模式成为高校信息化建设的关键任务。通过共享平台,可以打破资源的部门壁垒,促进资源在全校范围内的流通与共享,而科学合理的服务模式则能够确保不同用户群体(如教师、学生、科研人员等)便捷地获取和使用所需资源,从而提升高校整体的教育教学质量与科研创新能力。

一、高校媒体资源管理共享平台的构建要素

1. 资源整合与分类

(1) 多源媒体资源汇聚

高校媒体资源来源广泛,包括教学部门制作的课程视频、宣传部门拍摄的校园活动照片与视频、图书馆数字化的学术讲座音频等。共享平台首先需要建立强大的资源采集机制,能够从这些分散的来源中收集各类媒体资源。例如,通过与各部门的信息系统对接,实现媒体资源的自动抓取与上传,或者提供便捷的手动上传入口,方便教师和学生将个人创作或收集的资源贡献到平台上。

(2) 精细化分类体系

为了便于用户快速定位和检索资源,构建一套精细化的分类体系至关重要。可以按照媒体类型(图像、音频、视频)、学科领域(如文科、理科、工科等)、应用场景(教学资源、科研资料、校园文化宣传素材等)以及时间顺序等多个维度进行分类。例如,在教学资源分类下,进一步细分课程类型(基础课程、专业课程、选修课程等),对于视频资源还可以根据时长、分辨率等属性进行归类,这样用户在查找资源时就能够根据自己的需求迅速缩小搜索范围。

2. 技术架构与功能模块

(1) 底层技术支撑

共享平台需要依托先进的数据库管理系统(如 MySQL、Oracle Database 等)来存储海量的媒体资源数据,确保数据的安全、稳定与高效存储。同时,采用云计算技术提供强大的计算能力和存储扩展能力,以应对不断增长的资源量和用户访问量。例如,利用云存储的分布式存储特性,将媒体资源分散存储在多个节点上,提高数据的读取速度和冗余备份能力。

(2) 功能模块设计

资源上传与审核模块:教师、学生等用户可以通过该模块将自己的媒体资源上传到平

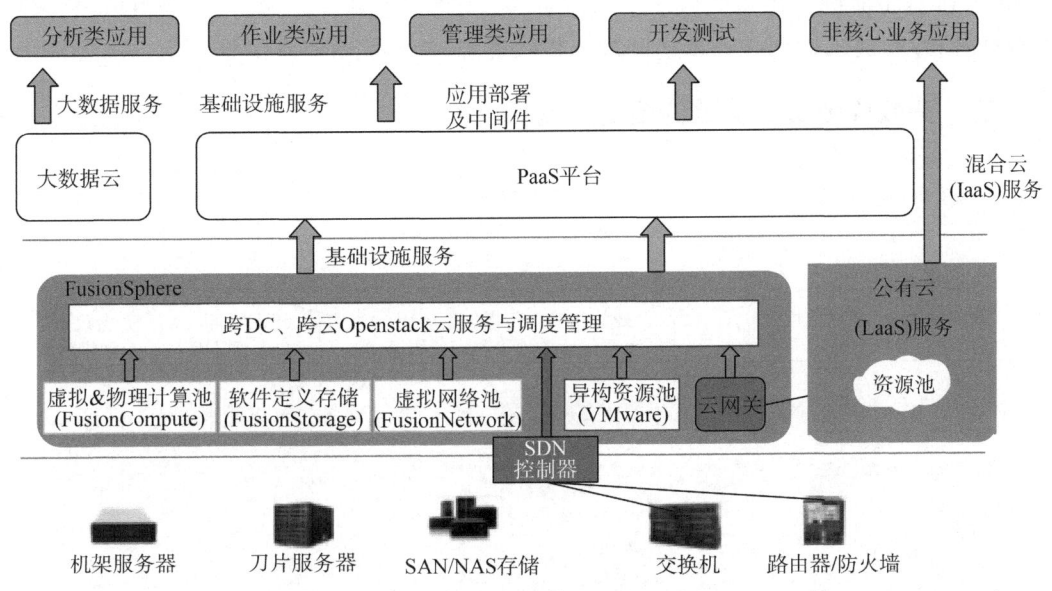

图 6.11 媒体资源平台技术架构

台,平台管理员则对上传的资源进行审核,确保资源的合法性及质量和格式符合要求。例如,审核教学视频是否清晰、音频是否有杂音、图像是否符合版权规定等。

检索与查询模块:这是平台的核心功能之一,用户可以通过关键词、分类、时间等多种方式进行检索查询。基于文本的检索技术(如关键词检索、布尔检索、全文检索、语义检索等)以及基于多媒体特征的检索技术(如基于内容的图像检索、音频检索、视频检索)在这里得到综合应用。例如,学生在查找关于"物理实验"的视频资源时,可以输入关键词"物理实验",平台会返回相关的教学视频、实验演示视频等,或者学生可以通过上传一张实验仪器的图片,利用基于内容的图像检索技术找到相似的实验仪器图片及相关视频资源。

资源预览与播放模块:当用户检索到感兴趣的资源后,该模块提供资源的预览和播放功能。对于视频资源,支持多种格式的播放,并具备播放进度控制、音量调节、全屏播放等基本功能;对于图像资源,能够以高清画质展示,并提供放大、缩小、旋转等查看功能;对于音频资源,可进行播放、暂停、快进、倒退等操作,同时显示音频的时长、波形等信息,方便用户初步了解资源内容。

用户管理与权限模块:对不同类型的用户(教师、学生、管理员等)进行分类管理,设置不同的权限。教师具有上传、删除自己资源以及查看和使用所有教学资源的权限;学生则主要具有检索、查看和下载资源的权限;管理员负责平台的整体管理,包括用户管理、资源审核、系统维护等工作。例如,教师可以在自己的课程教学中下载相关的教学视频和课件资源进行备课,而学生只能在规定的范围内下载学习资料用于个人学习。

资源推荐与个性化模块:通过分析用户的历史使用记录、搜索行为、收藏偏好等数据,平台能够为用户提供个性化的资源推荐。例如,如果一个学生经常浏览数学学科的视频资源,平台会向他推荐相关的数学学习资料、数学竞赛视频等。同时,平台可以设置热门资源推荐板块,展示近期被频繁访问或点赞的资源,提高优质资源的曝光率。

二、高校媒体资源管理的服务模式

1. 教学服务模式

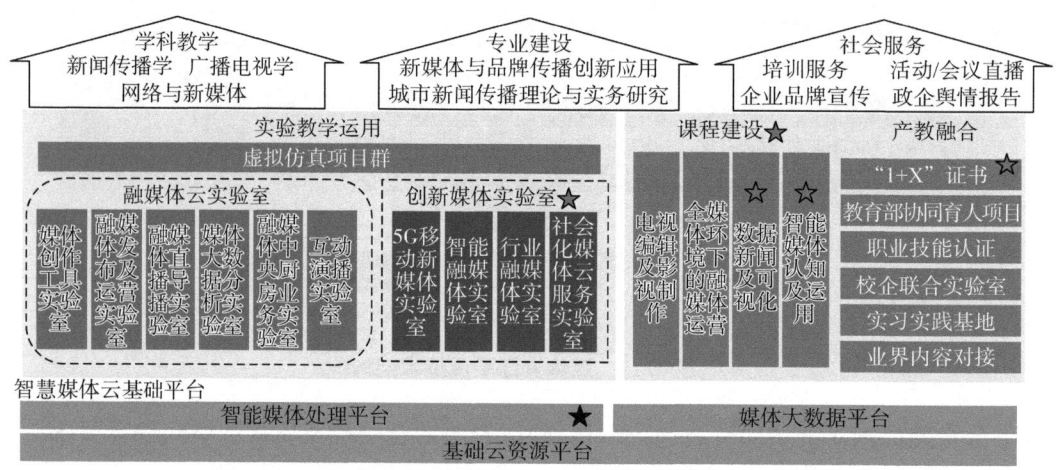

图 6.12　媒体资源平台实践教学支撑

（1）辅助课堂教学

在课堂教学情境中,教师能够充分借助共享平台所具备的强大功能,以高效的方式对相关教学资源进行检索与获取操作。此类教学资源涵盖了与课程知识点存在紧密内在联系的视频案例、图像示例等多种形式。教师可将这些获取到的资源巧妙地融入课件制作流程,或是在课堂演示环节予以展示,从而达成丰富教学内容呈现形式之目的,并有效提升教学过程的直观性与趣味性。例如,当教师开展历史课程教学并对特定历史事件进行讲解时,可依托共享平台精准检索并播放与之相关的历史纪录片片段。借助纪录片所独有的生动画面、真实场景以及丰富细节,学生能够以更为直观的方式深切感受该历史事件所处的背景环境以及事件发生发展的完整过程,进而加深对历史知识的理解与记忆。同样,在科学课程教学过程中,教师在阐释科学原理时,可利用共享平台展示实验视频或模拟动画资源。这些可视化资源能够将抽象的科学概念以形象、动态的形式呈现出来,助力学生跨越抽象思维的障碍,更为深入、全面地理解科学原理的本质内涵,促进其科学素养的有效提升。

（2）支持课外学习

课外学习时段,学生可凭借共享平台所赋予的便捷性与开放性,独立自主地开展对感兴趣课程资源的探索与学习活动,进而实现知识领域的有效拓展以及知识体系的巩固强化。共享平台所配备的个性化学习资源推荐机制发挥着关键的引导作用,能够依据学生在平台上的学习行为数据与偏好信息,深度挖掘并精准呈现契合学生个体特质的学习资源,从而助力学生敏锐洞察自身潜在的学习需求与兴趣焦点,显著提升自主学习的效率与质量水准。举例而言,在英语课程的课外学习进程中,学生可充分利用平台依据其学习特征所推荐的英语电影、英语演讲视频等多元化资源,针对性地开展听力与口语技能训练。同时,平台所提供的丰富的学习资料下载功能,如单词表、语法讲解文档等,亦为学生创造了自主学习与复习的有利条件,使其能够依据自身学习进度与薄弱环节,灵活选取并运用相关学习资料,构建起个性化的学习路径,全面促进自身英语综合能力的提升与发展。

2. 科研服务模式

(1) 数据支撑与灵感启发

在科研工作的推进过程中,科研人员能够充分利用共享平台所整合的丰富资源库,通过在该平台上精准查找相关的学术讲座音频、研究报告视频等多类型资源,深度挖掘并汲取前人的研究成果与宝贵经验。这些资源作为科研工作的重要基石,能够为科研人员自身的研究项目提供坚实的数据支撑以及创新性的思路启发。例如,在材料科学领域的研究实践中,科研人员可借助共享平台强大的检索功能,广泛搜索与目标研究紧密相关的材料微观结构图像、实验视频等关键资源。通过对这些资源的细致分析与深入研究,科研人员得以全面且系统地了解材料在性能表现及制备方法方面的现有研究状况,进而在充分掌握研究现状的基础上,敏锐洞察并发现全新的研究方向,或者对现有的研究方案进行针对性优化与完善,从而推动材料科学研究不断向前发展并取得创新性突破。

(2) 成果展示与交流平台

共享平台作为一个多功能的学术交流枢纽,为科研人员开辟了专门的成果展示与互动交流空间。科研人员得以将自身研究成果以视频、音频或图像等多种媒介形式上传至该平台,进而实现与校内其他科研人员的广泛分享与深度交流。例如,科研团队能够上传精心制作的项目成果汇报视频,通过视频内容全面展示研究的整个过程,包括实验设计、数据采集、分析方法以及最终所取得的研究成果等关键要素。这样的展示方式不仅有助于校内同行深入了解特定研究项目的详细情况,而且在促进不同学科之间科研合作与交叉创新方面发挥着极为关键的桥梁作用。不同学科背景的科研人员可借此平台相互借鉴、启发,发现跨学科研究的潜在切入点与合作契机,从而整合多元知识与技术体系,共同攻克复杂的科研难题,推动整个学术研究生态向更具综合性、创新性的方向发展。

3. 校园文化传播服务模式

(1) 活动宣传与回顾

高校宣传部在校园文化传播与活动推广进程中,可充分发挥共享平台的多元功能与价值。于校园活动筹备之际,宣传部能够借助平台强大的检索能力,深入挖掘并梳理以往类似活动的丰富资源,从中精准提炼出具有创新性与可行性的创意灵感以及可资借鉴的实践经验,为当前活动的策划与组织提供有力参考与指引。在活动开展期间,宣传部可及时将活动现场所采集的照片、视频等素材上传至共享平台,凭借平台广泛的传播渠道与便捷的访问机制,使更多的师生能够实时且全面地了解活动的进展状况,增强师生群体对校园活动的关注度与参与热情。而在活动圆满落幕之后,宣传部可基于共享平台所汇聚的活动素材，精心制作活动回顾视频或相册，通过对活动精彩瞬间的系统整理与艺术呈现，生动展示校园活动的独特魅力与丰硕成果，进而有效增强校园文化在师生群体中的凝聚力与影响力，促进校园文化的传承与发展。例如，在校园音乐节的宣传推广过程中，宣传部可巧妙运用共享平台，整合历年音乐节的精彩片段，精心制作具有吸引力与感染力的宣传视频，以此激发广大师生对音乐节的浓厚兴趣与参与意愿。待音乐节结束后，将活动全程的视频记录与海量照片进行分类整理，集结成专辑形式发布于共享平台之上，为师生提供一个便捷的回顾与分享平台，进一步深化校园文化在师生心中的印记与价值认同。

（2）文化传承与创新

共享平台在校园文化建设领域发挥着至关重要的作用，其作为校园文化传承与创新的关键载体，具有多维度的功能与价值体现。一方面，平台积极致力于学校历史文化资源的系统收集与整理工作，涵盖了诸如具有珍贵历史记忆的老照片、生动记录学校发展变迁的校史纪录片等丰富资料。通过对这些历史文化资源的数字化整合与有序呈现，为广大师生开辟了一扇深入了解学校发展历程、感悟学校深厚文化底蕴的窗口，使得学校的历史文脉得以在当代校园中延续与传承，增强师生对学校的归属感与认同感。另一方面，平台大力鼓励师生积极投身于与校园文化紧密相关的新媒体作品创作活动。在这一过程中，校园微电影、文化创意短视频等多种形式的新媒体作品如雨后春笋般涌现。这些作品凭借其新颖的表现形式、独特的创意视角以及贴近校园生活的内容，生动地展现了当代师生对校园文化的深刻理解与创新诠释。而共享平台则为这些新媒体作品提供了广阔的展示与传播空间，通过在平台上的公开展示与广泛传播，不仅激发了师生的创作热情与创新活力，更促进了校园文化在新时代背景下的创新发展，推动校园文化不断与时俱进，焕发出新的生机与活力。例如，学校可通过组织校园微电影大赛等形式多样的文化活动，广泛征集优秀的校园微电影作品，并将其上传至共享平台进行集中展示。这些优秀作品犹如一面镜子，真实地反映出当代大学生对校园文化丰富多彩的理解与独具匠心的创新表达，在丰富校园文化内涵的同时，也为校园文化的创新发展注入了源源不断的活力。

三、共享平台与服务模式的优化策略

1. 技术优化与升级

（1）检索技术优化

针对文本检索维度，着重于不断更新语义模型构建机制。通过引入前沿的自然语言处理技术与大规模语料库训练策略，促使语义模型能够更为精准且深入地理解用户所提交的查询意图。尤其是在面对专业性较强的领域时，如医学、法律、工程技术等，模型能够对其中的专业术语以及复杂概念进行有效解析与映射，从而显著提升文本检索在专业领域应用场景下的效能与可靠性。与此同时，在多媒体检索方面，聚焦于对基于内容的图像、音频、视频检索算法的深度优化。此优化进程涵盖多个关键技术环节，首要任务是提高特征提取的精度。例如，在图像检索领域，积极采用更为先进的深度学习算法架构，如

卷积神经网络（CNN）及其变体。借助深度学习模型强大的自动特征学习能力，能够对图像中的物体形状、纹理、颜色分布等多维度特征进行更为细致入微的刻画与表征，进而实现对图像中物体和场景的精准识别与分类。在音频检索领域，运用深度学习模型对音频信号的频谱特征、时域特征以及语义特征进行联合学习与提取，有效增强对音频内容的理解与识别能力。在视频检索领域，综合考虑视频帧图像的视觉特征以及视频序列中的运动特征，通过深度学习模型实现对视频内容的深度语义理解与特征提取。通过上述对特征提取精度的提升，进一步优化相似度计算环节的可靠性。基于更为精准的特征向量表示，采用更为科学合理的相似度度量方法，如余弦相似度、欧几里得距离等，并结合深度学习模型中的注意力机制等技术手段，能够更为准确地衡量检索对象与目标对象之间的相似程度，从而在整体上显著提升基于内容的图像、音频、视频检索技术的效果，为多媒体信息资源的高效检索与精准利用提供坚实的技术支撑。

（2）平台性能提升

缓存技术的应用在优化平台性能方面发挥着极为重要的作用。通过将使用频率较高的资源以及数据存储于内存这一高速存储介质之中，能够显著削减数据读取所需的时间开销。这一策略基于对用户访问行为模式的深入分析与数据热度的精准判断，将那些大概率会被频繁请求的数据提前加载至内存，从而在用户发起请求时能够实现近乎即时的数据响应，极大地提升了用户体验。与此同时，对数据库查询语句与索引结构进行优化亦不可或缺。通过对查询语句的精细化调整，去除冗余的查询操作、优化查询逻辑以及采用更为高效的查询算法，能够有效提升数据库在执行查询任务时的执行效率。此外，构建合理的索引结构对于加快数据检索过程具有决定性意义。依据数据的特点与访问模式，设计并创建合适的索引，能够使数据库系统在面对海量数据时迅速定位到目标数据，从而大幅缩短数据查询的响应时间，提高平台的数据处理能力。再者，服务器负载均衡技术的部署对于确保平台在高并发访问场景下的稳定运行具有核心保障作用。该技术基于对用户访问流量的实时监测与动态分析，能够根据当前的流量状况将用户请求智能地分配至多台服务器之上。例如，在诸如学期初学生集中选课或者考试周学生集中复习备考等特定时段，学生对平台资源的访问需求呈现爆发式增长，形成高并发访问压力。此时，负载均衡机制依据各服务器的实时负载状况，将海量的用户请求均匀地分发至各个服务器节点，确保每台服务器均能在其合理的负载范围内高效运行，有效避免了因个别服务器过载而引发的系统卡顿、响应延迟甚至服务器崩溃等现象，从而保障了平台在高峰时期的稳定、可靠运行，为广大用户提供持续、优质的服务体验。

2. 用户体验优化

（1）界面设计优化

在数字化平台构建的学术范畴内，构建一个具备简洁性、美观性与易用性特质的平台界面对于提升用户体验具有关键意义。其核心目标在于显著增进用户操作过程中的便捷性感知与舒适度体验。具体而言，在界面布局设计层面，秉持清晰明确的设计理念，对资源分类区域、检索框功能区域以及推荐板块区域等进行科学合理的划分。通过精心规划各功能区域的空间布局与视觉呈现方式,确保用户在进入平台界面时能够迅速定位所需功能模块,减少用户在操作过程中的认知负荷与视觉搜索成本。在界面元素设计方面,广泛运用直观形象的图标与按钮。这些图标与按钮的设计基于对用户认知习惯与视觉感知规律的深入研究,确保其能够准确传达功能含义,便于用户在无须过多思考与学习的情况下即可快速识别并进行操作,极大地提升了操作效率与流畅性。此外,为有效协助用户解决在操作进程中遭遇的各类问题,平台界面提供了丰富且友好的提示信息。这些提示信息涵盖操作引导、错误提示、功能说明等多个维度,以通俗易懂的语言与醒目的视觉呈现方式呈现给用户,使用户能够在操作过程中及时获取所需的帮助信息,降低操作失误率,增强用户对平台的信任感与满意度。例如,在检索结果页面的设计上,着重对资源信息展示进行优化。精准且清晰地呈现资源的名称、类型、简介以及评分等核心信息,使用户能够在短时间内全面了解资源的基本概况,为用户进一步筛选与使用资源提供有力依据。同时,为满足用户多样化的检索结果筛选需求,平台界面创新性地提供了排序功能。用户可依据相关性、时间顺序、热度等多种因素对检索结果进行灵活排序,从而更加高效地定位到最符合自身需求的资源,进一步提升了平台界面的实用性与用户友好性,促进平台在用户群体中的广泛应用与获得认可。

(2) 交互功能增强

在数字化平台的持续优化与功能拓展进程中,强化用户与平台之间的交互功能已成为提升平台活跃度、用户黏性以及资源传播效能的关键策略。具体涵盖用户评论、点赞、收藏、分享等多元化交互机制的构建与完善。用户评论功能作为一种重要的交互手段,赋予用户对平台资源进行评价与反馈的权利。用户基于自身对资源的使用体验与深入理解,在评论区发表具有针对性的评价内容与建设性的反馈意见。这些评论信息不仅为资源提供者提供了改进与优化资源质量的依据,更为其他用户在资源选择与利用过程中提供了极具价值的参考,使其能够基于多元视角综合考量资源的适用性与优劣性,从而作出更为明智的决策。点赞与收藏功能旨在为用户提供便捷的资源标记工具。用户通过点赞操作对自身认可与喜爱的资源予以快速标识,而收藏功能则允许用户将具有长期参考价值或个人兴趣偏好的资源纳入个人专属资源库。这两种功能的协同作用极大地方便了用户在后续阶段对特定资源的快速查找与高效复用,有效节省了用户再次搜索资源的时间成本与精力消耗,提升了用户资源管理的效率与便捷性。分享功能在促进资源传播与共享方面发挥着核心作用。借助该功能,用户能够将平台内优质资源突破平台边界限制,广泛传播至社交媒体、班级群等外部社交网络或特定群体交流空间。通过用户的社交网络节点进行多维度扩散,显著扩大了资源的受众范围与传播覆盖面,使更多潜在用户能够接触并受益于平台资源,进而有效促进了资源在不同用户群体之间的共享与交流,推动平台资源价值的最大化实现以及平台影响力的拓展与提升。例如:在教育领域的数字化学习平台场景中,学生在完成对某一优质教学视频的学习后,可充分利用平台提供的交互功能于评论区详细阐述自身在学习过程中的心得体会以及针对教学内容与方法提出建设性建议,为教师改进教学提供参考依据;同时,通过点赞与收藏操作对该视频进行标记,以便日后复习巩固或拓展学习时能够迅速定位与使用;此外,借助分享功能将视频链接传播至社交媒体平台或班级交流群中,使更多同学能够获取并利用该优质教学资源,实现知识的共享与传播,提升整体学习效果与教育资源利用效率。

3. 资源管理与更新优化

(1) 资源质量监控

监控机制的实施流程涵盖定期开展的资源检查与评估环节。在检查过程中,针对资源可能出现的各类质量瑕疵进行全面筛查,例如:视频资源的画质清晰度下降,表现为画面模糊、色彩失真等现象;音频资源存在杂音干扰,影响音频信息的准确传达与听觉体验;资源内容的时效性问题,即随着知识更新与时代变迁,部分资源内容已无法反映当前学科前沿动态或行业实践标准,呈现出明显的过时特征。此外,资源的版权合法性亦为检查重点关注领域,确保平台所存储与传播的资源均具备合法授权,避免因版权纠纷对平台运营与用户权益造成损害。针对在检查与评估过程中所发现的质量不达标或存在版权问题的资源,平台须及时启动相应处理流程。处理措施包括但不限于直接删除违规或严重质量缺陷的资源,以防止其对用户造成误导或不良使用体验;对于具有一定价值但存在部分质量问题的资源,采取替换操作,即上传质量更高、内容更新颖且符合版权规范的同类资源;同时,针对由平台用户上传的资源,在发现质量或版权问题后,及时向上传者发送通知,要求其限期整改,以确保其后续上传资源的质量与合规性。以教育领域的教学资源平台为例,可设定每学期为一个周期对教学资源进行全面系统的检查与评估。在检查过程中,重点聚焦于教学视频资源的清晰度与内容准确性。通过对视频分辨率、画面稳定性、音频清晰度以及教学知识点的完整性与时效性等多维度指标进行严格审查,确保教学视频资源能够满足教师教学与学生学习过程中的多样化需求,为教学活动的顺利开展与教学质量的有效提升提供坚实可靠的资源保障。

(2) 资源更新与扩充

在数字化平台资源建设的学术语境中,积极营造激励教师、学生以及科研人员踊跃参与的氛围,推动其持续上传新颖且有价值的媒体资源,对于不断充实与拓展平台资源库的广度与深度具有不可替代的关键作用。通过构建多元主体参与的资源贡献生态,能够有效整合校内分散的媒体资源,挖掘潜在的知识产出与创意素材,从而为平台注入源源不断的内生动力与丰富内涵。与此同时,平台运营主体应具有前瞻性视野与开放性思维,密切追踪相关行业的动态发展趋势以及学术领域的前沿研究成果,积极主动地探寻并引入外部优质资源,以实现平台资源体系的多元互补与品质提升。具体策略包括通过合法合规的途径购置专业的学术数据库访问权限,借助此类数据库所蕴含的海量权威资源,为平台用户提供更为广阔的知识视野与研究素材。此外,积极拓展校际合作与机构间协作的深度与广度,建立起稳定长效的资源共享联盟机制,在互惠互利的基础上,实现不同高校或机构间部分媒体资源的有序开放与交流互换,促进资源在更大范围内的流通循环与优势互补,从而打破资源的地域与机构壁垒,构建起更为宏大且富有活力的资源共享网络,为平台用户创造更为丰富多元的资源获取渠道与知识交流空间,有力推动平台在学术研究、教学创新以及人才培养等多方面发挥更为卓越的支撑与引领作用。例如,高校图书馆作为学术资源的重要集散中心,可依据学科发展规划与用户需求特点,周期性地采购一系列新近录制的学术讲座视频资源,并将其整合至平台资源库,以丰富平台的学术资源储备结构,为师生提供与学术前沿紧密接轨的学习与研究资料。再者,不同高校之间可通过签订资源共享协议,组建资源共享联盟,彼此有选择性地开放校内特色媒体资源,如某高校可分享其在工程实践教学方面的优质视频案例,另一高校则可提供在人文社科研究领域的独家音频资料等,以此实现资源的跨校流通与相互补给,促进高校间的协同发展与知识创新,进一步提升平台资源的利用效率与价值创造能力。

第七章

高校媒体资源在教学中的创新应用

互联网、多媒体技术以及智能设备的广泛普及,为教育资源的传播与共享提供了前所未有的便利条件。高校作为知识传承与创新的重要阵地,也积极投身于数字化教育的浪潮之中。高校媒体资源,包括教学视频、音频、图像、动画等多种形式,以其直观性、生动性和丰富性,逐渐成为教学过程中不可或缺的元素。例如,在线课程平台的涌现使得学生可以突破时空限制,随时随地获取高校的优质课程资源。这种数字化的学习环境不仅改变了学生的学习方式,也促使高校重新审视教学资源的开发与利用。高校媒体资源的有效应用能够更好地适应数字化时代学生的学习需求,提高教育的公平性与可及性。

在传统教学模式中,教师主要依赖教材、黑板和口头讲解进行知识传授,教学方式相对单一,难以满足学生多样化的学习需求。高校媒体资源的引入为教学方法的创新提供了广阔空间。通过多媒体教学,复杂的知识可以以更加直观的方式呈现给学生,如物理实验的视频演示可以让学生更清晰地观察实验现象和过程,有助于加深对物理原理的理解。同时,媒体资源能够丰富教学内容,补充教材之外的知识和案例。以市场营销课程为例,教师可以引入企业实际营销案例的视频分析,让学生了解市场竞争的真实情况,培养学生的实践能力和创新思维。这对于提升高校教学质量,培养适应社会发展需求的高素质人才具有重要意义。

高校媒体资源在教学中的应用是教育创新的重要体现。它打破了传统教学的固有模式,推动了教学理念、教学方法和教学评价的变革。例如,基于项目的学习、翻转课堂等新型教学模式都离不开媒体资源的支持。在翻转课堂中,学生通过观看教学视频进行课前预习,课堂上则进行讨论、实践和知识拓展,这种教学模式的转变能够提高学生的自主学习能力和课堂参与度。此外,高校媒体资源的应用也促进了教育资源的共享与交流。不同高校之间可以通过网络平台共享优质课程资源,教师之间可以相互学习借鉴教学经验和资源开发方法,从而推动整个高等教育领域的创新与发展。

近年来,随着国内高校对数字化教育的重视,对媒体资源在教学中的应用研究也日益增多。在理论研究方面,国内学者在借鉴国外多媒体学习理论的基础上,结合国内高校教学实际情况,提出了一些具有本土特色的理论观点。例如,有学者研究了文化背景对多媒体学习的影响,指出在设计媒体资源时应考虑中国学生的文化特点和认知习惯。在实践应用方面,国内高校在网络课程建设、精品课程开发等方面取得了显著成绩。许多高校建立了自己的网络教学平台,将课程教学视频、课件、作业等资源整合到平台上,方便学生学习。例如,清华大学的学堂在线平台汇聚了大量本校及其他高校的优质课程资源,并且提供了在线学习、互动交流、课程考核等功能。此外,国内一些高校也开始尝试将新兴媒体技术如 VR、AR 等应用到教学中,如在建筑设计课程中利用 AR 技术展示建筑模型,让学生更直观地感受建筑空间和结构。然而,与国外相比,国内在高校媒体资源教学应用的深度和广度上仍存在一定差距,尤其是在新兴技术的创新应用方面还有待进一步加强。

第一节　课程资源开发与教学设计

一、媒体资源的整合与筛选

在高校教育领域,媒体资源呈现出多源化的显著特征,其来源涵盖校内与校外两大范畴:校内层面包含由教学团队基于课程教学实际需求而精心自制的教学视频、忠实记录学术讲座全过程的录像资料以及生动展现校园各类活动的记录素材;校外范畴则囊括知名在线教育平台所汇聚的丰富资源,诸如中国大学 MOOC、网易云课堂等平台,借助与这些平台的合作,高校得以广泛获取其他高校或教育机构所共享的高品质课程资源。

1. 资源来源

(1) 校内自制资源

①教学团队创作

高校教师及教学团队基于课程教学大纲和教学目标,会制作大量具有针对性的教学视频。这些视频内容涵盖课程重点、难点知识的讲解。例如,在高等数学课程中,教师可以针对复杂的定理证明过程录制详细的讲解视频,通过逐步推导、结合图形示例等方式,让学生能够反复观看,加深理解。

实验课程教学团队会精心录制实验演示视频。以化学实验为例,对于一些危险系数较高的实验,如金属钠与水的反应,或者需要特殊实验设备和环境的实验,教师可以提前录制实验过程,包括实验仪器的正确组装、试剂的准确添加步骤以及实验现象的清晰展示等内容。这些视频不仅可以用于课堂教学,还可供学生在预习和复习阶段使用。

②学术讲座与报告录制

高校经常举办各种学术讲座和学术报告,这些活动是学术交流的重要平台。学校的媒体资源管理部门会对这些活动进行录制,形成宝贵的学术讲座录像。这些录像涉及各个学科领域的前沿研究成果、学术动态和研究方法。例如:在物理学领域,可能会有关于量子计算最新进展的讲座录像;在文学领域,会有知名学者对经典文学作品新解读的报告视频。

③校园活动记录素材

校园文化活动、社团活动等也是媒体教学资源的重要来源。学校的宣传部门或媒体中心会记录校园运动会、文艺演出、学术竞赛等活动。这些记录素材可以用于多种课程教学。例如:在体育课程教学中,校园运动会的视频可以用于分析不同体育项目的比赛技巧和运动规则;在艺术课程中,文艺演出的视频能够帮助学生理解舞台表演艺术、灯光音效的配合等内容。

(2) 校外共享资源

①在线教育平台合作资源

高校与知名在线教育平台如中国大学 MOOC、网易云课堂等开展合作,获取丰富的课程资源。这些平台汇聚了众多高校和教育机构提供的优质课程,涵盖了广泛的学科领域和课程类型。以计算机科学与技术专业为例,通过这些平台可以获取其他高校的高级编程语言课程、数据结构课程等资源。这些课程资源通常经过精心制作,包括教学视频、课后作业、在线测试等多个教学环节,并且有些课程还提供了教师与学生之间的在线互动交流功能。

②专业机构制作资源

专业的学术机构、出版社、媒体制作公司等会制作大量的学术纪录片、教学课件等媒体资源。例如,英国广播公司(BBC)自然历史部制作的自然科学纪录片,内容涉及生态系统、动物行为等诸多领域,这些纪录片以其高质量的拍摄、科学严谨的内容讲解,可以为高校的生物学、生态学等相关课程提供生动的教学素材。同时,一些专业出版社制作的电子图书配套视频资源,也为课程教学提供了补充资料,可帮助学生更好地理解图书中的知识内容。

③学术数据库资源

订阅专业领域的学术数据库是高校获取高端媒体教学资源的重要途径。如 Elsevier ScienceDirect、IEEE Xplore 等数据库,其中不仅包含大量的学术期刊论文,还提供了视频资源库。这些视频资源主要是关于学术研究成果展示、科研过程记录等内容。对于高年级的专业课程教学,这些数据库中的视频资源能够为学生提供前沿的学术研究动态,例如在电子工程专业的研究生课程中,IEEE Xplore 数据库中的视频可以展示最新的芯片设计技术、通信系统实验过程等内容,有助于学生了解专业领域的最新进展。

2. 筛选原则

在海量且繁杂的媒体资源库中,精准筛选契合课程教学需求的资源已然成为高校教学实践中一项具有关键意义的核心任务。

(1)科学性原则

①知识准确性

对于学术性媒体教学资源,其内容必须严格符合学科领域内公认的知识体系。这意味着资源中所包含的概念、定理、公式以及学术观点等都要精准无误。例如:在数学课程中,教学视频所讲解的数学原理、推导过程和结论必须遵循数学学科的严谨逻辑,不能出现计算错误或对定理的错误诠释;在物理学教学资源里,对于物理现象的解释、物理定律的应用以及实验数据的分析都要基于科学的方法和正确的理论基础,像在讲解电磁感应定律时,视频资源应准确呈现定律的内容、实验验证过程以及在实际工程中的应用等细节。

②研究方法的合理性

当涉及展示学术研究过程的媒体资源时,其中所采用的研究方法必须科学合理。在自然科学领域,如生物学研究资源展示的实验设计、样本采集和数据分析方法要符合科学规范。例如:在一个关于基因编辑技术的教学视频中,对于基因编辑实验的步骤,包括基因序列的提取、编辑工具的使用、实验对照组的设置等都要遵循科学的实验流程;在社会科学领域,如心理学研究视频所采用的调查方法、统计分析手段等也应符合学术研究的标准,确保研究结果的可靠性和有效性。

(2) 相关性原则

①与教学目标契合

媒体教学资源应当紧密围绕课程的教学目标进行筛选。教学目标是课程教学的核心导向,资源内容应有助于实现这些目标。例如,在英语写作课程中,若教学目标是提高学生的议论文写作能力,那么筛选的资源可以是关于议论文结构分析、优秀议论文范文讲解以及写作技巧指导的视频或文档。这些资源能够直接服务于教学目标,帮助学生掌握议论文写作的要点。

②与知识点紧密联系

每一个课程都包含一系列的知识点,筛选出的媒体资源需要与这些知识点有深度的关联。以计算机编程课程为例,在讲解数据结构中的链表知识点时,所选用的教学资源应该包括链表的概念讲解视频、链表操作(如插入、删除节点)的代码示例以及链表在实际程序中的应用案例。这样的资源能够辅助学生更好地理解和掌握链表这个知识点,并且能够将其与其他相关知识点(如数组、栈等数据结构)进行对比和联系。

(3) 适用性原则

①考虑学生认知水平

针对不同年级和知识基础的学生,媒体教学资源的适用性差异较大。对于低年级学生来说,由于他们的知识储备相对较少,认知能力尚在发展阶段,应选择简单易懂的资源。例如,在基础化学课程中,刚接触化学的大一学生,可以选择以动画形式展示化学元素周期表的资源,通过形象的动画来介绍元素的基本性质、原子结构等内容。而对于高年级学生,特别是在专业课程学习阶段,他们已经具备了一定的基础知识,可以选择更具深度和专业性的资源,如在材料化学专业课程中,为高年级学生提供关于新型材料合成工艺的前沿研究视频。

②匹配学生学习风格

学生具有不同的学习风格,如视觉型、听觉型、动觉型等。在筛选媒体教学资源时,要考虑满足不同学习风格学生的需求。对于视觉型学生,可以多提供包含图表、图形、视频演示等内容丰富的资源。例如,在地理课程中,为视觉型学生提供有大量地理景观图片、地形地貌动画演示的教学资源。对于听觉型学生,则可以选择包含讲解音频、学术讲座音频等资源,如在历史课程中,为听觉型学生提供历史事件讲解的音频资料,让他们通过听的方式来学习历史知识。

二、基于媒体资源的教学设计策略

基于高校媒体资源的丰富性,教师需要制定科学合理的多媒体教学设计策略,以充分发挥媒体资源在教学中的优势。

1. 资源与教学方法的融合

以"项目驱动教学法"为例,在计算机编程课程的教学实践中,以"项目驱动教学法"为典型范例,教师可率先引入一则小型项目案例视频。该视频旨在全方位展示项目的最终成果呈现形式以及其功能实现的具体效果,从而有效地激发学生对于编程学习的内在兴趣与强烈好奇心,充分调动其学习的主观能动性。继而,教师须将此项目细致地分解为若干个具有明确任务指向的模块。针对每一个独立的任务模块,教师应巧妙地结合与之密切相关的编程教学视频以及丰富的代码示例资源展开深入且详尽的讲解。在这一过程中,编程教学视频能够以直观的视觉演示与动态的讲解方式,清晰地呈现编程思路、逻辑架构以及代码编写的具体流程,而代码示例资源则为学生提供了可直接参照与分析的实际代码案例,有助于学生快速理解并掌握相关编程知识与技能要点。当学生进入实践环节时,教师可充分借助在线编程学习平台所提供的实时反馈资源,诸如代码错误提示视频以及调试技巧讲解音频等,及时且精准地协助学生化解在实践过程中遭遇的各类问题。代码错误提示视频能够直观地指出代码中存在的错误类型、位置以及可能的修正方向,使学生能够迅速定位并理解错误根源;调试技巧讲解音频则从听觉维度为学生提供了一系列实用的调试策略与方法讲解,帮助学生逐步积累调试经验,提升自主解决问题的能力,进而确保学生在项目实践过程中能够稳步推进,实现编程能力与问题解决能力的有效提升。

2. 情境创设实践

以商务英语课程的教学实践为例,教师可充分利用丰富多样的多媒体资源,通过播放真实的商务会议视频、商务谈判场景音频等素材,精心创设出高度逼真的商务情境,以此为学生搭建起一个贴近现实商务场景的学习平台。在具体教学环节中,教师首先播放一段跨国公司商务会议的视频资料。该视频全方位地呈现了商务会议从开场致辞、议题讨论,到最终决策等一系列完整流程,其中涉及不同参会人员运用专业的商务英语进行观点阐述、意见交流以及方案协商等诸多场景。视频播放完毕后,教师可顺势组织学生模拟该会议场景,引导学生分别扮演视频中不同的角色,如会议主持人、部门负责人、项目专员等,进而展开商务英语的交流讨论活动。在这样模拟且高度还原的商务情境之中,学生能够身临其境地感受商务英语在实际应用中的真实语境,深刻体会到不同场合、不同角色下商务英语使用方式的差异性与灵活性。学生能够更加精准地掌握各类专业词汇的内涵、恰当的表达方式以及有效的沟通技巧。他们通过积极参与交流讨论,不仅可以将所学的商务英语知识进行实践运用,还能在实践过程中发现自身存在的不足,进而有针对性地进行学习与改进,切实提升自身的商务英语应用能力。

值得一提的是,随着现代教育技术的不断发展,教师还可以借助虚拟现实(VR)或增强现实(AR)技术进一步强化情境的沉浸感。例如,教师可以利用 VR 技术为学生打造出在国际商务展览会上与客户进行交流互动的虚拟场景。学生戴上 VR 设备后,仿佛置身于真实的国际商务展览会现场,周围是琳琅满目的展品以及来自不同国家和地区的客户。

学生可以通过互动操作,亲自向客户介绍展品的特点、优势以及相关服务等内容,同时也能与客户就价格、合作意向等商务洽谈环节展开深入的交流,全程运用商务英语进行沟通互动。在此过程中,学生能够更加真切地感受到商务英语在复杂多变的国际商务场景中的实际运用方式,进一步深化对商务英语语言运用的理解与把握,更好地将理论知识与实践应用紧密结合起来,从而全面提升自身在商务领域运用英语进行有效沟通和交流的综合能力,为未来从事相关商务工作奠定坚实的语言基础。

三、个性化课程资源开发

1. 基于学习风格的资源定制

借助学习管理系统(LMS)对学生学习风格的初步评估,教师可以为不同学习风格的学生提供个性化课程资源。对于视觉型学习风格的学生,在数学课程中可以提供更多的几何图形动画演示资源、数学公式推导过程的可视化视频等。例如,利用动态几何软件制作的三角形内角和定理演示动画,通过图形的变换和角度的测量,直观地展示定理的证明过程。对于听觉型学习风格的学生,则提供数学概念讲解的音频播客、数学家故事的有声读物等资源,让学生在课后通过听的方式巩固知识。

在网络教学平台的支持下,教师可以根据学生的学习进度和学习情况,为学生推送个性化的学习资源。例如,通过学习管理系统对学生的在线学习行为进行分析,了解学生在哪些知识点上存在困难,然后针对性地推送相关的辅导视频、案例分析等资源,帮助学生解决学习困难,提高学习效果。同时,教师还可以鼓励学生根据自己的兴趣爱好和学习需求,自主选择媒体资源进行学习。例如,在选修课程中,教师可以提供一系列与课程主题相关的媒体资源目录,让学生自主选择感兴趣的资源进行学习和研究,并要求学生撰写学习心得或制作学习成果展示,以培养学生的自主学习能力和创新思维能力。

2. 满足特殊需求的资源开发

对于有特殊学习需求的学生,如身体残疾或学习障碍学生,高校媒体资源管理也能发挥重要作用。例如,为视力障碍学生提供课程内容的语音合成音频资源,将教材文字、图片描述等转化为语音,方便学生学习。对于注意力缺陷多动障碍(ADHD)学生,可以开发具有互动性和趣味性的多媒体学习资源,如将知识点制作成小游戏形式的互动课件,通过设置奖励机制和时间限制,帮助学生提高注意力和学习积极性。

个性化课程资源开发还可以体现在课程项目式学习中。教师可以结合课程教学目标,设计一些具有开放性和挑战性的项目任务,让学生利用媒体资源自主开展项目研究。例如,在计算机编程课程中,教师可以设计一个小型游戏开发项目,学生可以通过网络搜索相关的游戏开发教程、代码示例等媒体资源,自主学习游戏开发技术,并完成游戏项目的设计与开发。在这个过程中,学生不仅能够提高自己的编程能力和项目实践能力,还能培养团队合作精神和创新能力。

第二节　教学互动与评价

一、多媒体教学互动形式

高校媒体资源的应用为教学互动带来了新的形式和活力。传统的课堂教学互动主要以师生问答、小组讨论等形式为主，而多媒体教学互动则在此基础上增加了更多元化的互动方式。首先，基于媒体资源的在线讨论平台是一种非常有效的教学互动形式。教师可以在网络教学平台上发布与课程媒体资源相关的讨论话题，如针对某一学术讲座视频的观点讨论、对某一实验演示视频的疑问解答等。学生可以在平台上发表自己的看法和见解，与其他同学进行互动交流，教师也可以参与到讨论中，及时给予学生指导和反馈。这种在线讨论不受时间和空间限制，能够充分调动学生的学习积极性和主动性，促进学生之间的思想碰撞和知识共享。

其次，多媒体互动课件也是一种创新的教学互动工具。教师可以利用多媒体制作软件，将教学内容、媒体资源、互动元素（如选择题、填空题、拖拽题等）有机地整合到课件中。在课堂教学中，学生通过操作互动课件，参与到教学活动中来。例如，在讲解文学作品时，教师可以在课件中插入作品的原文片段、相关图片或视频，然后设置一些关于作品理解的选择题或简答题，让学生在阅读和观看资源的基础上进行答题。课件可以即时反馈学生的答题情况，学生答对时给予鼓励性提示，答错时提供正确答案和解析。这种互动课件能够增强教学的趣味性和互动性，提高学生的课堂参与度和学习效果。

再次，利用媒体资源开展的小组合作学习活动也是一种重要的教学互动形式。教师可以将学生分成若干小组，每个小组分配一个与课程相关的媒体资源项目任务，如制作一个基于某一主题的多媒体演示文稿、拍摄一个与课程知识点相关的短视频等。小组成员在完成任务的过程中，需要共同分析媒体资源、讨论项目方案、分工协作完成任务。在这个过程中，学生不仅能够提高自己的团队合作能力和沟通能力，还能通过对媒体资源的深入分析和应用，加深对课程知识的理解和掌握。

最后，基于媒体资源的课堂投票和反馈系统也能够增强教学互动效果。教师可以在课堂上播放一段视频或展示一张图片后，利用投票系统提出一些相关问题，让学生进行投票选择答案。投票结果可以即时显示在大屏幕上，教师可以根据投票情况了解学生对知识点的掌握程度和观点倾向，然后有针对性地进行讲解和引导。同时，学生也可以通过反馈系统向教师提出问题或建议，教师可以及时回应学生的反馈，调整教学策略和进度。

二、教学评价指标与方法创新

在高校教育教学领域，随着媒体资源的广泛应用与深入整合，传统教学评价模式已难以适应新的教学环境与要求。高校媒体资源管理为教学评价带来了新的契机与挑战，促使教学评价指标与方法发生创新性变革。科学合理的教学评价不仅能够准确衡量教学质量，还能为教学改进与优化提供有力依据，进而推动高校教育教学的持续发展。

1. 传统教学评价的局限性与新媒体资源带来的变革需求

(1) 传统教学评价的局限性

评价指标单一：传统教学评价往往过度侧重于学生的考试成绩、作业完成情况等可量化指标，忽视了学生在学习过程中的综合素养提升，如创新思维能力、实践动手能力、团队协作能力以及自主学习能力等。例如，在工科课程评价中，仅依据期末考试成绩判定学生对知识的掌握程度，无法全面反映学生在实验设计、项目实施过程中所展现的创新与实践能力。

评价方法主观、片面：评价过程多依赖教师的主观判断，缺乏客观的数据支撑与多元化的评价视角。教师在评价学生课堂表现、学习态度等方面，可能因个人认知偏差或观察范围有限而导致评价结果不够客观。例如，在小组讨论评价中，教师难以全面观察到每个学生的贡献与表现，容易出现评价不公的情况。

缺乏对教学过程动态性的考量：传统评价主要关注教学结果，对教学过程中的师生互动、资源利用效率、教学方法有效性等动态因素关注不足。例如，对于教师在课堂上是否根据学生反馈及时调整教学策略、媒体资源是否真正促进学生知识理解与应用等方面缺乏有效评价机制。

(2) 新媒体资源带来的变革需求

丰富评价素材与数据来源：高校媒体资源如在线学习平台记录、多媒体作业提交、课堂互动软件数据等，为教学评价提供了丰富多样的素材与海量的数据。这些数据能够详细记录学生的学习行为，如学习时长、资源访问次数、视频观看进度、在线讨论参与度等，为全面评价学生学习过程提供了可能。

要求评价指标多元化与综合性：新媒体资源的应用使教学不再局限于知识传授，还涉及信息获取、媒体创作能力、数字化交流能力等多方面素养的培养。因此，教学评价指标需要涵盖这些新兴素养领域，以适应新媒体环境下的教学目标。例如，评价学生在制作多媒体作品时的创意构思、技术运用以及信息整合能力等。

推动评价方法的客观性与精准性提升：借助大数据分析、人工智能等技术手段，可以对媒体资源相关数据进行深度挖掘与分析，从而实现评价方法的科学化与精准化。例如，通过分析学生在在线课程学习中的答题模式、学习路径，能够更精准地发现学生的学习难点与知识漏洞，为个性化评价与教学干预提供依据。

2. 基于高校媒体资源管理的教学评价指标创新

(1) 学习过程评价指标

媒体资源利用效率：衡量学生对高校媒体资源的有效利用程度，包括对各类媒体资源（如教学视频、电子图书、学术数据库等）的访问频率、停留时间、资源下载量以及资源在学习过程中的应用深度。例如，统计学生在学习某一课程时，对相关教学视频的完整观看率、重复观看次数以及是否能根据视频内容提出有深度的问题或进行相关拓展研究等。

在线学习参与度：考查学生在网络学习平台上的参与情况，如参与在线讨论的次数、发表的有效观点数量、对其他同学观点的回复质量、参与在线测试与作业的及时性与准确性等。以某高校网络课程为例,通过平台数据统计学生每周参与课程讨论的活跃程度,以及在讨论中是否能够运用所学知识进行批判性思考与交流。

自主学习能力体现:评估学生在媒体资源环境下的自主学习规划与执行能力,包括是否能够主动制订学习计划、根据自身学习需求筛选合适的媒体资源、自我监控学习进度与效果等。例如,观察学生是否能利用学习管理系统制定个性化学习时间表,并根据学习目标有针对性地选择课程视频、辅助资料进行自主学习,以及是否能定期总结学习成果并调整学习策略。

（2）学习成果评价指标

多媒体作品创作质量:针对学生在课程学习中创作的多媒体作品(如视频报告、动画演示、数字海报等)进行评价,考查作品的创意性、内容完整性、技术熟练度以及信息传达准确性。例如,在传媒课程中,评价学生制作的新闻报道视频时,考量其选题的新颖性、视频剪辑的流畅性、画面与声音的质量以及新闻内容的客观性与深度。

知识整合与应用能力:检验学生是否能够将从媒体资源中获取的知识与课堂讲授知识进行有机整合,并将其应用于实际问题解决或项目完成中。在工程类课程中,可通过学生在课程设计项目中对多种媒体资源(如工程案例视频、技术标准文档等)的运用情况,评估其是否能将理论知识转化为实际工程方案,以及方案的可行性与创新性。

跨媒体交流与协作能力:评价学生在多媒体环境下与他人进行跨媒体交流协作的能力,包括在小组项目中利用多种媒体工具(如视频会议、在线文档协作平台等)进行有效沟通、分工协作以及成果整合的能力。例如,在国际合作课程项目中,考查学生团队是否能够利用视频通话软件进行跨国讨论,通过共享文档平台协同撰写项目报告,并制作出高质量的多媒体展示作品。

（3）教师教学效果评价指标

媒体资源整合能力:评估教师在教学过程中对高校媒体资源的选择、整合与优化能力,包括是否能根据教学目标与学生需求选取合适的媒体资源、是否能将多种媒体资源有机融入教学环节以及是否能对媒体资源进行二次开发与创新应用。例如,在历史课程教学中,教师能否整合历史纪录片、文物图片、学者讲座音频等资源,构建生动且富有逻辑的教学内容体系,使不同媒体资源相互补充,增强教学效果。

教学互动组织有效性:考查教师利用媒体资源促进教学互动的能力,如是否能通过在线讨论平台、课堂互动软件等工具激发学生参与互动的积极性、是否能及时回应学生的问题与反馈、是否能引导学生进行深度互动与合作学习等。以某高校在线课程为例,统计教师发起的讨论话题数量、学生参与讨论的平均时长以及教师对学生提问的回复时间与质量等数据,以评价教学互动组织的有效性。

教学方法与媒体资源适配性:衡量教师所采用的教学方法与媒体资源是否相互适配,是否能充分发挥媒体资源的优势,提高教学效率与质量。例如:在使用虚拟实验教学软件时,教师是否采用探究式教学方法,引导学生自主探索实验原理与操作步骤,而不是简单地演示实验过程;在播放教学视频后,是否能组织有效的课堂讨论或实践活动,深化学生对视频内容的理解与应用。

3. 基于高校媒体资源管理的教学评价方法创新

（1）大数据分析评价法

数据收集与整理：通过高校教学管理系统、学习平台、媒体资源库等多渠道收集与教学评价相关的数据，包括学生的基本信息、学习行为数据、考试成绩数据、教师教学行为数据等。对这些海量数据进行清洗、整理与分类，去除无效数据与噪声数据，构建结构化的数据仓库，为后续数据分析奠定基础。

数据分析模型构建：运用数据挖掘、机器学习等技术构建教学评价数据分析模型。例如：利用聚类分析模型将学生根据学习行为特征分为不同的学习群体，如自主学习型、互动参与型、资源依赖型等，以便针对不同群体制定个性化评价标准与教学策略；利用关联规则挖掘模型分析学生学习行为与学习成果之间的关系，找出影响学习效果的关键因素，如哪些媒体资源的使用与学生的知识掌握程度密切相关。

评价结果生成与应用：根据数据分析模型的结果生成教学评价报告，报告中不仅包含对学生个体或群体的评价结论，还提供详细的数据支持与分析建议。例如，对于某学生，报告指出其在多媒体作品创作方面表现出色，但在在线学习参与度方面有待提高，并根据数据分析结果提供个性化的学习建议，如推荐相关的在线讨论话题或学习资源。教师可根据评价报告调整教学方法、优化教学资源配置，学校管理者可依据报告制定教学政策、开展教学质量监控与评估工作。

（2）基于人工智能的智能评价系统

自动作业与考试评价：利用人工智能技术开发智能作业批改与考试评价系统，能够自动识别学生作业与考试答案中的文字、图像、代码等内容，并根据预设的评价标准进行评分。例如：在编程课程中，智能系统可以自动检查学生编写的代码是否正确、是否符合编程规范，并给出详细的错误提示与修改建议；在文科课程中，能够对学生的论文、简答题等进行语义分析，评价其内容的准确性、逻辑性与完整性。

学习过程智能监测与预警：智能评价系统可以实时监测学生的学习过程，通过分析学生在学习平台上的行为数据，如学习时长异常变化、资源访问中断、频繁错误操作等情况，及时发现学生可能存在的学习困难或问题，并向教师和学生发出预警信息。例如，当系统检测到某学生在观看某一重要教学视频时多次暂停且停留时间过长，可能提示教师该学生对视频内容理解困难，教师可及时与学生沟通或调整教学安排。

个性化学习路径推荐：根据学生的学习历史、学习能力、兴趣爱好等因素，智能评价系统为学生推荐个性化的学习路径与资源。例如：对于喜欢视觉学习的学生，推荐更多的视频类学习资源；对于学习进度较快的学生，推荐更具挑战性的拓展学习内容与项目。同时，系统可根据学生在推荐路径上的学习进展情况不断优化推荐方案，实现个性化学习支持的动态调整。

（3）多元主体评价法

学生自评与互评：鼓励学生参与教学评价过程，开展学生自评与互评活动。学生自评可以促使其反思自己的学习过程与成果,提高自我认知与自我管理能力。例如,在完成一个多媒体项目后,学生填写自我评价表,分析自己在项目中的优势与不足、在团队中的贡献以及在媒体资源利用方面的经验与教训。学生互评可以促进学生之间的相互学习与交流,培养团队合作精神与批判性思维能力。例如,在小组作业评价中,小组成员相互评价各自在小组合作中的表现,包括沟通能力、协作态度、任务完成质量等方面,评价结果可作为教师综合评价的重要参考。

教师同行评价:组织教师同行对教学过程进行评价,同行教师可以从专业知识传授、教学方法运用、媒体资源整合等多方面进行客观评价。例如,在同一学科领域内,教师相互观摩课程,评价对方在教学中是否能够准确把握教学重点难点、是否能有效运用媒体资源激发学生学习兴趣、是否能合理组织教学环节等。同行评价结果可以为教师提供专业的教学改进建议,促进教师之间的教学经验交流与共享。

企业与社会评价:引入企业与社会力量参与高校教学评价,尤其是对于与职业技能培养密切相关的课程。企业可以评价学生在实习、实践项目中的表现,以及高校教学内容与企业实际需求的契合度。例如,企业评价某高校计算机专业学生在企业实习期间是否能够熟练运用所学知识与技能解决实际问题,是否具备良好的职业素养与团队协作能力等。社会评价可以通过毕业生就业情况、社会声誉等方面反映高校教学质量。例如,根据毕业生在社会各领域的职业发展状况、校友对母校教学的反馈以及社会公众对高校的认可度等因素综合评价高校教学效果,为高校教学改革提供更广阔的社会视角与市场导向。

三、数据驱动的教学评价与反馈

进入 21 世纪以来,信息技术、网络技术、存储技术等技术的快速发展以及"互联网＋"、云计算、物联网、人工智能、机器学习等技术的大规模应用,使社会生活的诸多方面产生了深刻变革,生成了海量的数据。正如邬贺铨院士所说:"数据量与日俱增,数据处理能力不断增强,数据的资源属性更加明晰,具有可开发的价值。"[1]我们进入了维克托·迈尔-舍恩伯格所称的"大数据时代"[2]。大数据的核心特征包括 4V:数据量大(Volume)、高速度(Velocity)、多样性(Variety)和价值(Value),其中最为重要的特征就是数据量大。根据国际数据公司 IDC 发布的研究报告,全球信息总量年增长 40%,每过两年就会翻一番,到 2020 年全球被创建和被复制的数据总量达到 35ZB。与数据量增长同步的是数据处理能力的增长,"人类存储信息量增长的速度比世界经济的增长速度快 4 倍,而计算机数据处理能力的增长速度则比世界经济的增长速度快 9 倍"[3]。我们正面临着这种极速发展的冲击和一场生活、工作与思维的大变革。

教育大数据是大数据的一个子集。教育大数据主要包括四种类型:基础数据、状态数

---

[1] 邬贺铨.大数据思维[J].科学与社会,2014,4(1):1-13.
[2] 维克托·迈尔-舍恩伯格,肯尼思·库克耶.大数据时代:生活、工作与思维的大变革[M].杭州:浙江人民出版社,2013.
[3] 维克托·迈尔-舍恩伯格,肯尼思·库克耶.大数据时代:生活、工作与思维的大变革[M].杭州:浙江人民出版社,2013.

据、资源数据和行为数据。高校教学活动、管理活动、评估活动中生成和采集了大量的教育数据,再加之 2012 年以来 MOOC 等在线课程教学形式的兴起也产生了大量的教育数据,按照粗略估计,一所万人学生的高校在一年中产生的基础数据(包括教学视频)大概在 100 TB(1 TB＝1 024 GB)左右,如此来源复杂、形式多样、规模巨大的教育大数据是一个巨型的"金矿"。

如何从长期积累的教育大数据"金矿"中,通过某种技术挖掘出有价值的"知识",从而指导管理决策和反馈教学,已成为高等教育领域的重要话题和现实需要。教育数据已经成为高校资产的一种新形势。对于教育数据的有效的采集、分析、评价等必然成为高校现代化治理的一种重要手段。

教育数据挖掘起源于 Corbett 和 Anderson 于 1995 年提出的贝叶斯知识跟踪(Bayesian Knowledge Tracing)模型。Romero 认为"教育数据挖掘是一个与数字化学习、自适应超媒体、智能导师系统、web 挖掘、数据挖掘等成熟领域相关的即将到来的研究领域,其应用更多地关注学习者和教育系统的教育方面"。2008 年第一届教育数据挖掘国际会议中把教育数据挖掘定义为"是一个将来自各种教育系统的原始数据转换为有用信息的过程,这些有用信息可为教师、学生及家长、教育研究人员以及教育软件系统开发人员所利用"。Baker 认为教育数据挖掘是一个"开发方法探究教育环境中的独特类型数据的新兴学科,通过这些方法来更好地理解学生和他们的学习环境"。国际教育数据挖掘学会对教育数据挖掘的定义与 Baker 的定义相近:"通过开发方法分析教育环境中独特且不断增长的大规模数据的新兴学科。"

教育数据挖掘的发展得益于国际学术组织"国际教育数据挖掘学会"(International Educational Data Mining Society,IEDMS),该组织及其前身"教育数据挖掘工作组"通过举办一年一届的国际学术会议 Internalial Conference on Educational Data Mining 和出版

图 7.1　国际教育数据挖掘学会网站

专业期刊 Journal of Educational Data Mining 促进了教育数据挖掘的理论发展与实践探索。

利用数据分析技术,如数据挖掘、机器学习等,可以对这些数据进行深入分析。例如,通过对学生学习行为数据的聚类分析,可以将学生分为不同的学习风格群体或学习进度群体,从而为个性化教学提供参考依据。对于学习进度较慢的学生群体,可以推送更多的基础巩固性媒体资源和辅导材料;对于学习风格偏向视觉型的学生群体,可以推荐更多的图片、视频类资源。通过对学生作业和考试成绩数据与学习行为数据的关联分析,可以发现学生在哪些知识点上容易出现错误以及错误的原因,从而为教师调整教学重点和教学方法提供依据。在教学评价方面,数据驱动的评价可以更加全面地反映学生的学习状况和教师的教学效果。例如,通过建立教学评价模型,综合考虑学生的学习过程数据、学习成果数据以及教学互动数据等多方面因素,对学生的学习成绩进行预测和评价。同时,也可以对教师的教学质量进行量化评价,如计算教师教学资源的利用率、教学互动的活跃度、学生对教师教学的满意度等指标,为教师的教学绩效考核提供数据支持。对于教师和学生的反馈,数据驱动的反馈更加具有针对性和时效性。教师可以根据数据分析结果,及时了解学生的学习困难和需求,调整教学策略和教学内容。例如,如果数据分析发现大部分学生在某一章节的视频学习中存在理解困难,教师可以重新录制或补充相关的讲解视频,或者组织在线答疑活动。学生也可以根据自己的学习数据报告,了解自己的学习优势和不足之处,制订更加合理的学习计划。例如,学生通过学习数据报告发现自己在某一类型的互动课件答题中准确率较低,就可以有针对性地进行复习和练习,提高自己的学习效果。

国内教育数据挖掘研究主要包括三个方向。第一个方向为理论研究及综述,主要是介绍教育数据挖掘的基本概念、国外的经验,以及探讨大数据时代教育数据挖掘对教育管理、教育研究的影响。祝智庭认为随着大数据的崛起和数据密集科学的发展,学习分析学(LA,Learning Analytics)和教育数据挖掘(EDM,Educational Data Mining)成为大数据在教育领域的具体应用,以大数据为基础的教育技术的新范式已经构建。丁小浩讨论了大数据时代的教育研究,特别从研究的几个环节具体分析了大数据驱动的教育数据挖掘的研究范式与传统研究范式的异同。宋博认为将教育数据挖掘纳入比较教育学的研究方法之一,将使得该学科有更加广泛的发展。胡弼成的综述认为大数据及基于大数据的教育数据挖掘等技术在促进教与学、推进教育决策的科学性、完善教育质量监控体系、促进教育评价的全面性和客观性等方面发挥重要作用。

第二个方向为学习过程分析,主要是基于网络教学平台或教育大数据对学生(教师)的行为进行分析。田娜以江南大学网络教学平台为例,采用教育数据挖掘技术,根据学生的相似特性对学生进行聚类分析,以分析教育数据对课程成绩影响的各种因素。贺超凯分析了2012—2013学年哈佛大学和麻省理工学院在edX平台上开设的16门课程的60余万人次学习行为记录,总估学习者学习行为特征,对部分典型行为特征进行数据挖掘,采用逻辑斯蒂回归方法对成绩进行预测。王冬青从教师专业发展的角度,将教育数据挖掘方法应用于智慧课堂环境下教师行为数据的可视化分析与应用,提出一种面向智慧课堂教师教学模式的频繁序列挖掘算法和聚类分析方法,并通过教学视频案例进行分析验证。

第三个方向为学生发展分析,主要通过教育数据挖掘方法对学生投入、学习成果、学业表现等进行预测或预警。舒忠梅将传统相关分析方法和教育数据挖掘方法相结合,构建学生投入研究模型,识别学生投入的相关因素,并对学生学习行为进行分类研究。陈子健应用教育数据挖掘方法确定影响在线学习者学业成绩的因素并构建分类预测模型。舒忠梅采用逐步回归和神经网络等教育数据挖掘技术,在学生个体和学校两大层面构建大学生学习成果的预测和评价模型,对大学生学习成果及其影响因素进行分析。陈佳明对比了4个效果最优的课程成绩预测分类算法,以准确率较高的算法构成加权投票集成算法,得到了最高的预测准确率。

通过国内外学者对教育数据挖掘研究,我们认为教育数据挖掘是一个新兴的、跨学科、多学科的研究领域,其主要研究对象为教育环境中的数据,主要内容是相关(不仅仅是数据挖掘)方法、技术、工具、流程、模式的开发及应用,主要目标是挖掘教育数据的价值,服务于学生、教师及其他利益相关者,解决教育领域的实际问题。经过20多年的发展,教育数据挖掘的应用模式和技术工具已趋于成熟,可以作为挖掘高校中所蕴藏着丰富的数据的利器。

综上所述,高校媒体资源在教学中的创新应用涵盖了课程资源开发与教学设计、教学互动与评价等多个方面。通过充分利用媒体资源的优势,制定科学合理的教学设计策略,开展多元化的教学互动形式,创新教学评价指标与方法,并借助数据驱动的教学评价与反馈机制,能够显著提高高校教学质量,培养出具有创新精神、实践能力和综合素养的高素质人才,为高校教育教学改革和发展注入新的活力。在未来的教育发展中,随着媒体技术的不断进步和教育理念的持续更新,高校媒体资源在教学中的应用将不断拓展和深化,为构建更加高效、智能、个性化的教育教学环境奠定坚实的基础。在课程资源开发与教学设计方面,高校应进一步加强媒体资源库的建设与管理,整合校内外各种优质媒体资源,建立资源分类、检索和推荐系统,方便教师和学生快速找到所需资源。同时,教师应不断提升自身的多媒体教学设计能力,参加相关培训和学习交流活动,掌握先进的教学设计理念和方法,将媒体资源与教学实践更好地融合。在教学互动与评价方面,高校应鼓励教师积极探索创新教学互动形式,开发更多具有特色的多媒体互动教学工具和平台,促进师生之间、学生之间的深度互动与合作。此外,要建立健全科学合理的教学评价体系,注重评价的全面性、客观性和发展性,充分发挥教学评价对教学改革和教学质量提升的导向作用。通过这些努力,高校媒体资源在教学中的创新应用将取得更加丰硕的成果,为培养适应新时代需求的创新型人才作出更大的贡献。

第八章

高校媒体资源在宣传与文化建设中的应用

第一节　校园形象塑造与品牌推广

一、视觉形象传播媒介

1. 校园宣传视频的制作与传播策略

校园宣传视频是一种极具感染力和传播力的媒体资源形式。在制作过程中，首先需要明确视频的主题与目标受众。主题应紧密围绕学校的核心价值观、办学理念、学科优势以及校园文化特色等元素展开，旨在向外界精准传递学校的独特形象。对于以理工科见长的高校，可突出其先进的科研设施、卓越的科研成果以及创新的学术氛围，而对于人文社科类高校，则着重展现其深厚的文化底蕴、活跃的学术交流场景以及丰富多彩的文化活动[①]。

在内容策划方面，应采用多样化的素材呈现方式。除了常规的校园风光拍摄，还应融入师生的教学科研活动、社团文化展示、校友成就分享等内容，以增强视频的故事性与亲和力。在拍摄手法上，运用高清摄像设备，结合航拍、特写、慢镜头等技巧，营造出视觉冲击力。同时，合理搭配音乐、旁白等元素，进一步烘托氛围，引导观众情感共鸣。

图 8.1　厦门大学 2021 年度官方招生宣传片

在传播策略上，充分利用数字平台的优势。将校园宣传视频发布于学校官方网站、社交媒体平台（如微信公众号、微博、抖音等），借助这些平台庞大的用户群体和便捷的分享机制，实现广泛传播。此外，针对特定的招生宣传季、校庆活动等重要节点，有针对性地在教育类网站、电视台等媒体投放，提高视频的曝光率[②]。

2. 形象宣传画册的设计与发行要点

形象宣传画册是高校对外展示形象的传统且重要的纸质媒体资源。画册的设计应遵循整体统一且富有变化的原则。在整体风格上，要体现学校的特色与文化内涵，从色彩搭配、字体选择到排版布局，都应精心构思。例如，采用学校的代表性色彩作为主色调，运用具有文化底蕴的字体，使画册在视觉上给人留下深刻且独特的印象。

内容编排上，以图文并茂的形式呈现学校概况、历史沿革、学科专业设置、师资力量、科研成果、校园文化等关键信息。图片应选取高质量、具有代表性的校园景观、师生风采、教学科研场景等照片，文字则简洁明了、生动形象地对图片进行补充说明[③]。同时，可设

[①] 邓伊楚,张海涛.基于媒介生态观念的高校融媒体建设[J].传媒,2022(22):85-87.
[②] 顾红,张健,王瑶.全媒体时代高校融媒体发展的对策研究[J].天津职业大学学报,2022,31(5):11-15.
[③] 李爽爽,朱倩,夏萍.高校融媒体中心建设及发展策略研究[J].新闻文化建设,2022(19):184-186.

图 8.2　北京大学 124 周年校庆数字艺术品

置一些特色板块,如校友故事、国际交流成果等,以丰富画册的内涵。

在发行方面,除了在学校招生咨询处、校史馆、校内重要活动场所等发放外,还应积极拓展校外发行渠道。与教育主管部门、兄弟院校、中学等建立合作关系,将画册作为交流资料进行发放。此外,参加各类教育展会、学术会议时,也可将画册作为展示学校形象的重要资料提供给参会者。

3. 校园标识系统在媒体资源中的体现

校园标识系统是高校视觉形象传播的重要基础元素,它贯穿于校园的各个角落,包括校徽、校训、校园道路标识、建筑标识等。在媒体资源应用中,校园标识系统应保持高度的一致性与规范性。

在校园宣传视频、宣传画册以及学校官方网站等媒体资源中,校徽应作为核心视觉标识醒目地展示,以强化学校品牌形象的辨识度。校训则可通过书法艺术形式或创意排版,在相关媒体资源中呈现,传达学校的精神追求与价值导向。校园道路标识和建筑标识等可在校园导览图、虚拟校园漫游等媒体资源中详细体现,方便校内外人员了解校园布局与环境。

同时,校园标识系统在新媒体应用中也可进行创新拓展。例如,开发基于校园标识的手机 App 互动应用,用户只要扫描校徽或特定标识,即可获取相关的校园信息、历史文化介绍或导航服务等,进一步提升校园标识系统的功能性与互动性。

4. 电子显示屏媒体内容的规划与更新

电子显示屏在高校校园内广泛分布，如校门口、教学楼、图书馆、食堂等场所，是重要的信息传播与形象展示窗口。其媒体内容的规划应具有系统性与针对性。

从系统规划角度，应根据不同场所的功能与受众特点进行内容分类。校门口的电子显示屏可重点展示学校的重大活动通知、欢迎辞、学校形象宣传片等内容，以营造良好的校园门户形象；教学楼内的显示屏则侧重于课程安排、学术讲座信息、教学成果展示等，服务于师生的教学科研活动；食堂显示屏可发布食品安全信息、校园文化活动预告、健康饮食知识等，满足师生在就餐时的信息需求[①]。

在内容更新方面，要保证及时性与准确性。建立专门的内容管理团队，负责收集、整理、审核和发布电子显示屏的信息。利用数字技术，实现远程内容更新控制，确保信息能够快速、高效地传达给受众。同时，可定期更新显示屏的展示形式与模板，增加视觉吸引力，避免受众产生视觉疲劳。例如，在重要节日或学校重大活动期间，设计相应的主题模板，展示相关的庆祝内容或活动信息，增强校园文化氛围的营造。

通过对这些视觉形象传播媒介的有效整合与运用，高校能够构建起全方位、多层次的校园形象塑造与品牌推广体系，充分发挥高校媒体资源在宣传与文化建设中的积极作用，提升学校在数字时代的影响力与竞争力。

二、活动品牌形象塑造

1. 学术会议的媒体包装与品牌提升

学术会议作为高校学术交流与思想碰撞的前沿阵地，其品牌形象的塑造对于提升高校在学术圈的声誉和影响力具有不可忽视的作用。在数字时代背景下，高校媒体资源为学术会议的品牌提升提供了丰富多样的手段。

在会议筹备阶段，高校媒体可通过整合校内各学术平台资源，如学术期刊网站、科研成果展示平台等，挖掘本次学术会议的核心学术价值点，并以此为基础制定全面的媒体宣传策略。利用社交媒体平台的广泛传播性，提前发布会议的主题背景、特邀嘉宾阵容以及预期的学术突破亮点等信息，吸引全球范围内相关领域学者、研究人员以及学术爱好者的关注。例如，创建会议专属的社交媒体话题标签，鼓励学界人士提前参与讨论，营造浓厚的学术氛围，从而初步构建会议的品牌知名度。

会议期间，借助数字化媒体技术的优势，实现全方位、多角度的会议报道。安排专业的媒体团队进行现场直播，通过高清视频流和实时互动功能，使无法亲临现场的观众能够同步参与会议进程，提问并与演讲嘉宾互动交流。同时，利用图像识别与数据分析技术，对会议中的关键学术观点、研究成果展示等瞬间进行精准捕捉和快速整理，形成图文并茂、数据详实的会议报道稿件，在高校官方网站、学术新媒体平台等渠道及时发布，确保会

---

① 李爽爽，朱倩，夏萍.高校融媒体中心建设及发展策略研究[J].新闻文化建设，2022(19)：184-186.

议的学术精华能够迅速传播至更广泛的受众群体。

会议结束后,高校媒体资源应进一步发挥其存储与传播功能。将会议的全程录像、演讲嘉宾的PPT文档、参会学者的论文摘要等资料进行数字化整合,构建成一个长期可访问的学术会议数据库。通过对该数据库的精心策划与包装,如设计用户友好的检索界面、添加相关学术背景介绍与解读等增值服务,将其打造成为高校在特定学术领域的标志性知识宝库,持续提升学术会议的品牌价值和影响力,进而巩固高校在该领域的学术引领地位。

2. 体育赛事的媒体报道与形象塑造

体育赛事在高校中不仅是学生展现体育竞技水平的舞台,更是传播校园体育文化、塑造积极向上校园形象的重要载体。高校媒体资源在体育赛事的形象塑造过程中扮演着至关重要的角色[1]。在赛事筹备阶段,高校媒体应充分发挥其宣传策划能力,通过校园广播、电子显示屏、官方体育网站以及社交媒体账号等多渠道联合发布赛事预告信息。详细介绍参赛队伍的历史战绩、明星运动员的风采、赛事的赛制安排以及独特的看点亮点,激发全校师生以及校友的观赛热情和参与度。同时,利用虚拟现实(VR)和增强现实(AR)技术制作赛事场馆的虚拟导览视频,让观众提前感受比赛现场的热烈氛围和现代化设施,为赛事的成功举办营造良好的舆论环境。

赛事进行期间,高校媒体的现场报道团队应运用高清摄像设备、无人机航拍技术以及实时数据传输系统等先进手段,对比赛的每一个精彩瞬间进行全方位、无死角的记录[2]。通过校园电视台的直播频道以及网络视频平台的同步转播,将比赛的激烈对抗、运动员的拼搏精神以及观众的热情呐喊实时传递给校内外观众。同时,媒体团队应结合赛事进程,及时制作并发布精彩视频剪辑、赛事数据统计分析报告、运动员和教练的赛后采访等多元化的报道内容,满足不同观众群体对于赛事信息的需求。

此外,高校媒体还应注重挖掘体育赛事背后的文化内涵和教育价值。通过深度报道运动员的训练故事、团队的协作精神以及体育赛事对校园文化建设的积极推动作用等内容,将体育赛事从单纯的竞技活动升华为校园文化的重要组成部分。例如,制作系列专题报道,讲述运动员在学业与训练之间如何平衡发展,以及体育精神如何激励他们在学术研究和个人成长方面取得突破,从而塑造出具有深厚文化底蕴和教育意义的校园体育赛事品牌形象,提升高校在社会公众心目中的综合形象。

3. 校园文化周活动的宣传亮点打造

校园文化周活动作为高校集中展示多元文化魅力、丰富校园文化生活的综合性平台,其宣传亮点的打造对于吸引全校师生积极参与、提升校园文化品牌知名度具有关键意

---

[1] 梁淑辉,潘彩红,马艳萍.民办高校融媒体中心建设探析[J].高教论坛,2022(9):18-21.
[2] 张景安,陈龙刚.高校融媒体管理平台建设研究[J].山西大同大学学报(自然科学版),2022,38(4):22-26.

义①。高校媒体资源在这一过程中能够发挥独特的创意与传播优势。

在活动筹备前期,高校媒体应深入了解文化周活动的各项内容安排,挖掘其中最具特色和吸引力的元素,以此为核心策划一系列创意宣传方案。例如,利用短视频平台制作富有创意的活动预告短视频,采用动画、音乐、特效等多种手段将文化周中的艺术展览、音乐演出、文化讲座、社团活动等精彩内容进行生动呈现,吸引师生的关注和期待。同时,在校园官方网站、社交媒体群组等平台发布互动话题,如"我最期

图 8.3　河北科技大学校园文化周现场照片

待的文化周活动"投票、"文化周创意活动策划征集"等,鼓励师生提前参与到活动中来,增强他们的主人翁意识和参与热情。

活动开展过程中,高校媒体应充分利用数字化媒体技术打造沉浸式的宣传体验。通过设置 360 度全景摄影展示区、VR 体验区等,让师生能够身临其境地感受文化周活动现场的热烈氛围和丰富内容。同时,媒体团队应及时跟进活动的每一个环节,采用直播、短视频、图文报道等多种形式进行实时报道。例如,对艺术展览中的每一件优秀作品进行详细解读并将其拍摄制作成短视频系列,对音乐演出进行现场直播并邀请专业音乐评论人进行在线点评,对文化讲座中的精彩观点进行实时整理和发布等,确保师生能够全面了解文化周活动的进展和亮点。

此外,高校媒体还应注重活动宣传的互动性和社交性。利用社交媒体平台的分享功能,鼓励师生将自己在文化周活动中的精彩瞬间拍摄成照片或短视频并分享到个人社交账号上,同时创建活动专属的社交媒体话题标签,如"校园文化周精彩瞬间",通过话题热度的提升吸引更多校内外人士关注校园文化周活动。并且,高校媒体可以根据师生在社交媒体上的分享内容,制作成活动回顾专题报道,进一步扩大活动的影响力和品牌知名度,将校园文化周活动打造成为高校校园文化建设的一张亮丽名片②。

4. 招生宣传活动的媒体资源整合

招生宣传是高校吸引优质生源、实现可持续发展的重要环节。在数字时代,整合高校媒体资源进行招生宣传能够极大地增强宣传效果,精准地向潜在考生和家长传递高校的特色与优势。

首先,高校应整合官方网站的招生宣传板块资源。优化网站页面设计,使其在视觉上

---

① 林煜.高校融媒体宣传平台一体化管理与信息网络安全[J].才智,2022(22):98-100.
② 张克宣.新视阈(域)下的高校融媒体平台建设初探[J].中国广播电视学刊,2022(8):44-47.

更加美观、简洁、大方,方便考生和家长快速获取所需信息。在内容方面,详细介绍高校的学科专业设置、师资队伍概况、教学科研成果、校园文化生活、国际交流合作项目以及历年的招生录取分数线、专业录取规则等信息。同时,利用大数据分析技术,根据考生的浏览历史、地域信息等数据,为其提供个性化的招生信息推荐服务,提高考生的关注度和咨询意愿。

其次,充分发挥社交媒体平台在招生宣传中的作用。创建高校招生官方微博、微信公众号、抖音账号等多平台宣传矩阵。定期发布招生政策解读、高校名师风采展示、优秀学生成长故事分享、校园美景和特色设施介绍等内容,以生动形象、富有感染力的形式吸引潜在考生和家长的关注。例如,制作系列短视频,邀请在校学生以第一人称视角讲述自己在高校的学习生活体验,包括课堂学习的收获、社团活动的乐趣、科研实践的挑战与成长等,让考生能够直观地感受到高校的学习氛围和生活环境。

最后,整合校友资源与媒体资源进行联合招生宣传。邀请优秀校友录制视频或撰写文章,分享自己在母校的求学经历、职业发展历程以及母校对自己成长的深远影响。通过校友的亲身经历和成功案例,向潜在考生展示高校的教育质量和人才培养成果,增强考生对高校的认同感和信任感[①]。同时,与教育类媒体、地方媒体以及知名网络教育平台等合作,发布高校招生宣传专题报道、招生咨询会信息、高校特色专业介绍等内容,扩大招生宣传的覆盖面和影响力,提高高校在招生市场中的知名度和美誉度,吸引更多优秀学子报考,为高校的人才培养事业注入源源不断的新鲜血液。

三、品牌推广渠道拓展

1. 官方网站品牌展示板块的优化

高校官方网站作为学校在互联网世界的官方门面与信息枢纽,其品牌展示板块犹如一颗璀璨的明珠,直接映射出高校的整体风貌与核心价值。在数字化信息过载的今天,优化该板块需要从多个维度精心雕琢。

从视觉呈现的角度出发,应遵循现代网页设计的美学原则与用户视觉感知规律。采用简洁明了的布局架构,避免信息堆砌导致的视觉混乱,确保每一个页面元素都有其明确的功能与位置归属。色彩搭配上,选取能够体现高校文化底蕴与时代气息的色调组合,如沉稳的深蓝色系象征着学术的深邃与严谨,搭配清新的绿色调以展现校园的生机与活力,通过色彩心理学的巧妙运用,在访客初次访问网站时便能给其留下深刻而积极的印象。同时,充分利用高清图像与视频素材的视觉冲击力,以全景式的校园风光展示、生动的教学科研场景实录以及丰富多彩的校园活动掠影等内容,让访客仿佛身临其境般感受高校的独特魅力,实现从视觉层面到情感层面的有效连接。

在内容组织与呈现方面,秉持精准、全面、深度的理念。精准定位高校的核心竞争力与特色亮点,将学校的历史脉络清晰梳理,展现其深厚的文化积淀与发展历程中的关键里

---

① 曾慧,王强.高校融媒体党建品牌建设路径探究[J].教书育人(高教论坛),2022(21):49-51.

第八章　高校媒体资源在宣传与文化建设中的应用

图 8.4　浙江传媒学院官方网站首页

程碑；深入阐释办学理念与教育使命，使外界能够透彻理解高校的教育哲学与社会担当；详细剖析学科专业设置，不仅要涵盖专业名称与课程框架，更要深入挖掘各专业的优势特色、师资配备、科研成果转化以及就业前景等信息，为潜在学生及合作伙伴提供全面而深入的专业认知视角。此外，科研成果展示板块应突出重点项目与前沿突破，以数据图表、学术论文摘要以及科研团队介绍等多种形式相结合，彰显高校在科技创新领域的卓越贡献。同时，注重内容的动态更新，建立高效的信息采集与发布机制，确保网站能够及时反映学校的最新动态、学术活动成果以及校园文化建设进展，使官方网站始终保持信息的时效性与权威性，成为外界获取高校信息的首选可靠来源，从而在网络空间中牢固树立起高校的品牌形象，提升品牌的知名度与美誉度。

2. 社交媒体平台的品牌传播策略制定

社交媒体平台的蓬勃发展彻底改变了信息传播的生态格局，为高校品牌传播带来了前所未有的机遇与挑战。不同的社交媒体平台犹如一个个独特的社交生态部落，各自拥有特定的用户群体特征、传播规则与文化氛围，高校须精准洞察这些差异，量身定制适配的品牌传播策略[①]。

以微博平台为例，其以信息传播的即时性、话题性与广泛的用户覆盖度而著称。高校在微博运营中应充分发挥这些优势，构建起一个动态、活跃的品牌传播阵地。一方面，及时发布校园新闻资讯，涵盖教学科研成果发布、学术讲座预告与回顾、校园文化活动亮点

---

① 张丽源. 新时代高校融媒体发展路径探索[J]. 吉林广播电视大学学报，2022(4)：21-23.

分享以及学校重大决策与发展动态通报等内容,确保"粉丝"能够第一时间获取学校的最新消息[①]。另一方面,善于利用微博的话题功能,结合社会热点话题与校园特色元素,主动发起具有吸引力与讨论性的话题,引导粉丝积极参与话题讨论与互动,通过话题热度的提升扩大信息传播范围,吸引更多潜在受众的关注。同时,注重与粉丝的互动交流,及时回复粉丝的咨询、建议与评论,建立起良好的双向沟通机制,增强粉丝对高校品牌的亲近感与认同感,使微博平台成为高校品牌形象的生动展示窗口与互动交流平台。

微信公众号则侧重于深度内容的传递与用户服务功能的集成。高校微信公众号的运营应聚焦于内容的品质与深度挖掘。定期推送高质量的原创文章,如学术大师的深度访谈、前沿科研成果的专业解读、优秀学生成长成才的励志故事以及校园文化内涵的深度剖析等,通过文字的力量传递高校的学术魅力、文化底蕴与教育价值[②]。在内容排版上,注重文字与图片、图表的合理搭配,营造舒适的阅读体验。同时,充分利用公众号的菜单功能,构建起一个集招生咨询、校园服务指南、校友联络、学术资源共享等多功能于一体的服务平台。例如:设置招生信息专栏,详细介绍招生政策、专业设置、历年录取分数线等信息,并提供在线咨询与报名入口,方便潜在学生及家长获取招生信息并进行互动咨询;打造校园服务板块,提供校园地图导航、图书馆借阅查询、校园活动报名等便捷服务,提升在校师生与校园生活的互动便捷性;建立校友互动社区,促进校友之间的交流合作以及校友与母校的情感联络,通过全方位的功能服务增强用户对高校品牌的黏性与忠诚度,使微信公众号成为高校品牌传播的深度内容源与用户服务中心。

图 8.5 武汉大学公众化功能菜单

抖音等短视频平台以其简洁直观、富有创意与娱乐性的短视频内容迅速风靡全球,吸引了大量年轻用户群体。高校在抖音平台的品牌传播策略应紧密契合这一平台特性,以创意短视频为核心载体,生动展现高校的青春活力与特色魅力。创作一系列主题丰富多样的短视频内容,如:校园美景打卡系列,通过精美的画面与动感的音乐展示校园四季如画的自然风光与独具特色的建筑景观;学生创意社团活动展示系列,聚焦于学生丰富多彩的社团活动,如音乐演奏、舞蹈表演、戏剧创作等,展现学生的才艺与创新精神;校园美食探索系列,以美食为切入点,介绍校园食堂的特色美食与校园周边的美食文化,引发观众的美食共鸣;校园科技成果趣味演示系列,将高校的

---

① 张茂华. 媒体融合背景下高校融媒体中心建设研究[J]. 湖北开放职业学院学报,2022,35(12):120-121.
② 杨帆. AGIL 模型视角下高校融媒体中心建设策略研究[D]. 武汉:中南财经政法大学,2022.

前沿科研成果以通俗易懂、趣味十足的方式进行展示，如机器人演示、科技创新实验展示等，激发观众对高校科研实力的好奇与兴趣。通过这些富有创意与感染力的短视频内容，借助抖音平台强大的算法推荐机制与用户分享传播功能，将高校品牌形象精准推送给广大年轻用户群体，塑造高校年轻、时尚、充满活力与创新精神的品牌形象，吸引更多潜在学生与社会关注。

3. 与教育行业媒体的合作推广模式

教育行业媒体作为教育领域的专业传播力量，拥有丰富的教育资源、专业的采编团队以及广泛的行业受众基础，与高校品牌推广目标具有高度的契合性[1]。构建与教育行业媒体的深度合作推广模式，能够实现双方资源共享、优势互补，共同推动高校品牌在教育行业乃至全社会的广泛传播。

高校与教育行业媒体的合作形式丰富多样，首先在新闻报道与信息传播层面，高校应积极主动地向教育行业媒体提供丰富而优质的新闻素材。这包括但不限于高校在教学改革创新实践中的重大突破、科研领域的前沿成果发布、优秀教师团队与学生群体的典型事迹报道、校园文化建设与国际交流合作中的亮点活动等内容。教育行业媒体凭借其专业的新闻采编能力与广泛的传播渠道，将这些素材进行深度加工与广泛传播，能够使高校的品牌形象在教育行业内得到更精准、更深入的展示。例如，高校在某一新兴学科领域取得了具有国际影响力的科研成果，通过与专业教育杂志的合作，将科研成果以专题报道的形式呈现给行业内的专家学者、教育从业者以及相关研究机构，不仅能够提升高校在该学科领域的知名度与学术声誉，还能吸引更多潜在的科研合作机会与优秀人才资源。

此外，高校与教育行业媒体可共同策划组织一系列具有行业影响力的专题活动与项目。例如，联合举办教育论坛或研讨会，围绕教育热点话题如教育信息化、人才培养模式创新、学科建设与评估等主题，邀请教育界知名专家学者、高校领导、教育政策制定者以及媒体代表共同参与研讨交流。高校在活动中可充分展示自身在相关领域的研究成果、实践经验与创新理念，通过教育行业媒体的全程报道与传播，将高校的声音与形象传播至更广泛的教育领域受众群体，提升高校在教育行业内的话语权与品牌影响力。同时，双方还可合作开展教育行业评选活动，如"年度教育创新高校评选""高校优秀教师风采展示评选"等，高校通过参与评选活动，展示自身在教育教学各个方面的优势与特色，借助教育行业媒体的宣传推广平台，进一步扩大品牌知名度与美誉度，树立高校在教育行业内的标杆形象[2]。

4. 校友网络平台的品牌口碑传播

校友作为高校历史文化的传承者、教育成果的见证者以及学校品牌形象的天然传播者，其在高校品牌推广中的作用不可小觑。校友网络平台作为凝聚校友力量、传承母校情

---

[1] 杨胜利.民办高校融媒体中心建设现状及问题分析[J].湖南教育(D版),2022(5):58-59.
[2] 李博楠.民办高校融媒体中心守正创新探索研究[J].新闻文化建设,2024(13):20-22.

怀的重要载体,为高校品牌的口碑传播提供了得天独厚的条件。

高校应着力打造功能完善、互动性强的校友网络平台,涵盖校友网站、校友微信社群、校友App等多种形式。在校友网络平台的建设过程中,注重信息内容的丰富性与实用性。及时发布学校的发展动态新闻,包括学校在学科建设、师资队伍扩充、校园基础设施改善等方面的最新进展,使校友能够时刻了解母校的发展变化,增强校友对母校的归属感与自豪感;定期推送校友活动信息,如校友联谊会、校友创业分享会、校友学术讲座等活动预告与回顾,为校友提供参与母校活动、交流互动的信息渠道;设置校友成就展示板块,集中展示校友在各行各业取得的杰出成就,如校友企业的成功案例、校友在学术科研领域的重大突破、校友在社会公益事业中的卓越贡献等,通过校友的成功故事激励在校学生,同时也向外界展示高校强大的人才培养能力与校友网络的凝聚力。

在激发校友参与品牌口碑传播方面,高校可通过多种方式引导校友积极行动。例如,邀请校友回校开展各类讲座与交流活动,如职业规划讲座、行业发展趋势分享会、创业经验交流会等,校友在分享自身经历与见解的过程中,自然而然地融入对母校的感恩之情与赞誉之词,对在校学生起到良好的榜样示范与激励作用,同时也向潜在学生及社会各界展示了高校的育人成果与品牌魅力①。此外,高校可组织校友参加招生宣传活动,如请校友担任招生宣传大使,利用校友自身在社会各界的人脉资源与影响力,向亲朋好友、所在单位同事以及当地中学学生及家长宣传母校的招生政策、专业优势、校园文化等信息。通过校友的亲身推荐与口碑传播,提高高校招生宣传的可信度与吸引力,吸引更多优秀学生报考。同时,校友网络平台还可设置校友推荐与评价功能,鼓励校友对母校的教育教学质量、校园文化氛围、就业创业支持等方面进行客观评价与推荐,这些来自校友的真实声音将成为高校品牌口碑传播的有力素材,在潜在学生、家长以及社会合作伙伴中形成良好的品牌印象,进一步提升高校品牌的知名度与美誉度,促进高校品牌形象的长期稳定发展。

第二节 校园文化传承与创新

一、文化传承载体建设

1. 校史纪录片的拍摄与文化传承

校史,作为高校发展历程的全景式记录,犹如一部生动的史书,镌刻着学校一路走来的风雨兼程与辉煌成就,蕴含着丰富而深邃的文化价值观念、教育理念以及精神风貌。拍摄校史纪录片无疑是开启校史文化宝藏的一把关键钥匙,是实现校园文化传承的有力媒介。

在着手拍摄校史纪录片之前,一项艰巨而细致的任务便是对校史资料进行全方位、多层次的收集与整理。这一过程犹如考古学家挖掘历史遗迹一般,需要深入挖掘学校的历

---

① 董雷萍.高校融媒体中心建设及发展策略研究[J].青岛职业技术学院学报,2024,37(4):17-21.

第八章　高校媒体资源在宣传与文化建设中的应用

图 8.6　中南财经政法大学校史纪录片——《中原大学为党而生》

史档案库,从中探寻那些尘封已久的珍贵文件、早期的教学大纲、行政管理制度记录等,这些资料犹如历史的拼图碎片,能够拼凑出学校早期的组织架构与运行模式。同时,老照片也是不可或缺的重要素材,它们以直观的视觉形象定格了不同历史时期的校园风貌、师生活动场景以及重大历史事件的瞬间,如建校初期的破土动工仪式、早期的毕业典礼盛况等,为纪录片提供了极具感染力的画面素材。此外,校友回忆录则像是一部部鲜活的口述历史,通过校友们的亲身经历与情感回忆,能够深入展现学校在不同年代的生活气息、学习氛围以及面临的挑战与机遇,为校史纪录片注入了丰富的人文情感与故事性元素[①]。

组建一支专业素养过硬的拍摄团队是确保校史纪录片质量的核心环节。团队成员不仅要具备精湛的摄像技术,能够熟练运用高清摄像设备捕捉每一个细微而关键的历史细节,还须掌握无人机航拍技术,以便从宏观视角展示校园在岁月长河中的全景变迁,从古老的校园布局到现代化的建筑群落崛起,让观众能够在时空的维度上深刻感受到校园的发展脉络。在拍摄过程中,特写镜头的运用尤为关键,它能够聚焦于历史文物的纹理、文献资料的字迹等细微之处,将那些容易被忽视却又饱含历史信息的元素放大呈现,使观众仿佛能够触摸到历史的痕迹。

在叙事结构的构建上,应以时间为主轴,遵循历史发展的自然顺序,从学校的创立缘起娓娓道来,逐步展开其在各个历史时期的成长与变革历程。然而,单纯的时间线叙事可能会略显单调,因此需要巧妙地穿插人物故事与重大事件。例如:讲述在战火纷飞的年代,学校师生如何在艰难困苦的环境下坚守教育阵地,传承知识火种的感人故事;介绍在教育改革的浪潮中,学校如何勇立潮头,率先开展创新性教学实践并取得显著成果的辉煌

---

① 柏蓉.对话理论视域下高校融媒体建设研究[J].科技传播,2024,16(13):102-105.

篇章。通过这些人物故事与重大事件的交织,使纪录片既具有严谨的历史逻辑性,又充满了生动的情节性与感染力,能够紧紧抓住观众的注意力,引领他们走进学校的历史长河之中。

校史纪录片的传播与推广是实现其文化传承价值的最终归宿。在校园内部,可将其纳入新生入学教育的重要内容体系,定期在校园礼堂、教室等场所播放,让每一位踏入校园的新生都能够在第一时间深入了解学校的发展脉络与文化传承,从而在内心深处种下对学校归属感与自豪感的种子。同时,借助网络视频平台的强大传播力,将校史纪录片向社会公开发布,使其突破校园的地理边界限制,吸引更多校友、教育同行以及社会各界人士的关注与观看。这不仅能够提升学校的社会知名度与文化影响力,更能使校史文化在更广泛的社会层面得到传承与弘扬,让更多人领略到学校深厚的文化底蕴与独特的精神魅力。

2. 校园文化经典著作的数字化推广

校园文化经典著作作为高校知识体系与文化积淀的核心结晶,承载着历代师生的智慧结晶与思想光辉,是校园文化传承的重要知识宝库。在数字时代的浪潮中,对这些经典著作进行数字化推广,犹如为古老的文化宝藏打开了一扇通向现代世界的大门,使其能够以全新的姿态与更广泛的受众群体进行深度互动与交流。

数字化推广的首要步骤是对校园文化经典著作进行全面而细致的数字化扫描与整理工作[1]。这一过程需要运用高精度的扫描设备,确保著作内容的准确性与完整性,将每一页文字、每一幅插图都精准地转化为数字格式。在此基础上,建立专门的电子图书馆数据库,对这些数字化著作进行科学分类与有序存储。例如,可按照学科领域、年代顺序、著作类型等多种维度进行分类,方便读者在海量的经典著作资源中迅速检索到自己所需的内容,无论是追溯早期的学术经典,还是探索近现代的校园文学佳作,都能够在电子图书馆数据库中一键获取,极大地提高了经典著作的利用效率与传播便捷性。

在完成数字化整理与存储后,利用社交媒体平台、高校官方网站等多元化的网络渠道进行广泛的推广宣传是关键环节。社交媒体平台凭借其庞大的用户群体与强大的传播扩散能力,成为经典著作推广的重要阵地。可以定期在微博、微信公众号等平台上推荐经典著作的精彩片段、深度解读文章以及作者的生平事迹介绍等内容,通过图文并茂、生动有趣的形式吸引广大师生与社会读者的关注目光。例如,开设"校园经典著作赏析"专栏,每周邀请校内知名学者、文学爱好者或优秀学生撰写一篇关于某部经典著作的赏析文章,从独特的视角深入剖析著作的思想内涵、艺术价值以及对当代社会的启示意义,并配以相关的高清图片、短视频等多媒体素材,使文章更具吸引力与感染力,激发读者对经典著作的阅读兴趣与探索欲望。

此外,开展线上读书交流活动是促进经典著作传播与文化交流的有效方式。通过设立读书论坛、线上读书俱乐部等互动平台,鼓励读者分享自己的阅读心得与感悟体会,形

---

[1] 赫铭,周学飞,任亭钰,等.高校融媒体中心建设的现状考察[J].新闻采编,2024(3):21-23.

成一个活跃而富有深度的阅读交流社区。在读书论坛上,读者可以针对某部经典著作展开热烈的讨论,提出自己的见解与疑问,与其他读者进行思想碰撞与交流互动,共同挖掘经典著作的深层价值。线上读书俱乐部则可以组织定期的线上读书活动,如读书打卡挑战、主题读书分享会等,通过这些活动营造浓厚的阅读氛围,激发读者的阅读积极性与主动性,使更多人参与到校园文化经典著作的阅读与交流中来,从而在数字空间中形成一股强大的经典著作阅读热潮,让校园文化经典著作在广大读者的互动交流中不断焕发出新的活力与魅力,实现校园文化的广泛传播与深度传承。

3. 传统校园建筑文化的多媒体解读

传统校园建筑作为校园文化的物质实体象征,宛如一部凝固的史书,静静地诉说着学校的历史变迁、文化传承与教育理念的演进。它们以独特的建筑风格、精湛的工艺技巧以及丰富的文化寓意,承载着一代又一代师生的集体记忆与情感纽带。在数字时代,运用多媒体手段对传统校园建筑文化进行解读,就像是为这些古老的建筑赋予了新的生命与灵魂,使其能够跨越时空的限制,与现代社会的人们进行生动而深入的对话交流[①]。

利用虚拟现实(VR)或增强现实(AR)技术开发校园建筑导览应用程序,是实现传统校园建筑文化多媒体解读的创新举措。通过这一应用程序,用户只需借助手机或专门的 VR/AR 设备,在校园内实地游览时,便能开启一场穿越时空的建筑文化之旅。当用户漫步在校园小道上,将手机摄像头对准某座古老建筑时,屏幕上便会自动叠加显示出该建筑的历史变迁影像,仿佛将时光倒流,让用户目睹这座建筑从最初的设计蓝图到破土动工,再到历经岁月沧桑后的一次次修缮与扩建的过程。同时,还可以展示建筑在不同历史时期的用途变化,如曾经作为教学场所的某座教学楼,在战争年代可能被临时改造成医疗救助站,这些历史故事都能够通过多媒体影像生动地呈现出来,使游客在现实场景中深刻感受到建筑所承载的厚重历史文化内涵。

制作校园建筑文化短视频也是一种极具传播力与感染力的多媒体解读方式。在短视频制作过程中,应从多个维度深入挖掘建筑的文化价值。从建筑风格方面,详细介绍其所属的建筑流派、风格特点以及与当时时代背景的关联。例如,某座具有欧式古典风格的建筑,其柱式、穹顶等建筑元素所体现的古希腊罗马建筑文化的传承与演变,以及在当时西方文化传入中国的历史背景下,这种建筑风格在校园中的出现所反映的文化交流与融合现象。从建筑工艺角度,解读其建造过程中所运用的独特技艺与材料,如传统的榫卯结构在中式建筑中的精妙应用,以及当地特色建筑材料的选用对建筑风格与耐久性的影响。同时,结合历史背景讲述建筑背后的故事,如建筑的命名由来、与某位历史人物或重大事件的关联等,使观众在短短几分钟的短视频中能够全面而深入地了解校园建筑文化的丰富内涵。

在校园官方网站或文化宣传展板上设置传统校园建筑文化专栏,是展示建筑文化多

---

① 罗庆学,靳芝.第三空间视域下高校融媒体中心建设进路、困境与策略:以三峡大学融媒体中心为例[J].新媒体研究,2024,10(12):75-79.

媒体资料的重要平台。在专栏中,展示建筑的高清图片、详细的文字介绍、历史故事以及相关多媒体资料链接,形成一个系统全面的建筑文化展示窗口。无论是校内师生还是校外来访者,都可以通过这一专栏深入了解校园建筑的历史文化底蕴。例如,点击某座建筑的图片链接,即可弹出一个包含该建筑 VR 导览视频、文化短视频、历史文献资料等多媒体内容的页面,让用户能够根据自己的兴趣与需求进行深入探索与学习,使传统校园建筑文化在现代媒体技术的助力下得到全方位、多层次的展示与传承。

4. 校园文化名人故事的媒体采编

校园文化名人,作为高校校园文化的杰出代表与精神引领者,包括那些在各学术领域取得卓越成就的知名教授、在社会各界崭露头角的杰出校友等。他们的故事犹如一颗颗璀璨的明星,镶嵌在校园文化的浩瀚星空中,闪耀着智慧、拼搏与奉献的光辉,是校园文化传承与弘扬的生动教材。高校媒体资源在校园文化名人故事的采编与传播过程中,扮演着挖掘者、记录者与传播者的重要角色,通过多种媒体形式的有机结合,将这些名人故事广泛传播于校园内外,激励一代又一代的师生不断追求卓越,传承与创新校园文化[①]。

首先,组建一支专业素养高、富有创新精神与人文情怀的媒体采编团队是开展校园文化名人故事采编工作的基础保障。这支团队不仅要具备扎实的新闻采访与写作能力,能够深入挖掘名人故事背后的细节与情感,还须具备敏锐的新闻洞察力,善于发现那些具有代表性与感染力的名人故事素材。在采访过程中,团队成员应深入了解名人的成长经历,从他们的童年趣事、求学之路到职业生涯的起步与腾飞,探寻那些塑造其人格品质与专业素养的关键因素。例如,采访一位知名校友在创业初期面临的重重困难与挫折,以及他如何凭借坚定的信念、顽强的毅力与独特的创新思维,在激烈的市场竞争中脱颖而出,实现创业梦想的艰辛历程;或者深入了解一位知名教授在科研领域的探索之路,从最初的研究兴趣萌发到攻克一个个科研难题,取得重大科研成果的过程中,他所付出的辛勤努力、经历的无数次失败与挫折,以及在这个过程中他对学生的言传身教、对学术团队的精心培育等感人故事。

其次,在完成采访工作后,通过多种媒体形式对校园文化名人故事进行报道传播是扩大其影响力与文化传承价值的关键环节。在校园报纸上开设专栏连载名人故事,以文字的力量深入刻画名人的形象与事迹,让读者在阅读过程中能够静下心来,细细品味名人故事中的每一个细节与情感波澜。校园广播则以声音为媒介,通过主播富有感染力的讲述,将名人故事传播到校园的每一个角落。无论是在校园的林荫小道上漫步的学生,还是在教室里自习的师生,都能够在广播声中聆听名人的传奇经历,感受其精神魅力。校园电视台制作专题节目,运用视频画面、人物访谈、现场拍摄等多种手段,全方位、立体式地呈现名人故事,使观众能够更加直观地看到名人的风采、听到他们的声音、感受到他们的情感与思想。在新媒体平台上,发布图文并茂或视频形式的报道,充分利用新媒体的互动性与

---

① 王瑞琪.建构主义视域下高校媒体融合创新党课的路径研究[J].广东交通职业技术学院学报,2024,23(2):124-128.

传播广泛性特点,吸引广大师生与社会读者的关注与参与。例如,制作校友创业成功故事的系列短视频,在抖音等热门短视频平台发布,通过精彩的视频剪辑、生动的画面呈现以及简洁有力的文字解说,迅速吸引大量用户的点赞、评论与分享,使名人故事在短时间内得到广泛传播,激发更多年轻人的创业热情与奋斗精神。

最后,将校园文化名人故事整理成册,出版相关书籍或电子刊物,是实现其长期保存与深度传承的重要举措。这些书籍或电子刊物可以作为校园文化教育的辅助教材,进入学校图书馆、阅览室以及学生的课堂学习与课外阅读范围。师生们可以在闲暇时光翻阅这些名人故事集,深入学习名人的优秀品质、成功经验与人生智慧,将其融入到自己的学习、工作与生活中,使校园文化名人的精神在校园内代代相传,成为激励师生不断追求卓越、传承与创新校园文化的强大精神动力源泉。

二、文化活动创新呈现

1. 校园音乐节的新媒体互动形式设计

校园音乐节作为高校文化活动的重要组成部分,是展示学生音乐才华与青春活力的舞台。在新媒体环境下,通过设计丰富多样的互动形式,可以极大地增强音乐节的参与感与趣味性。

首先,利用社交媒体平台进行音乐节的预热与宣传推广。创建音乐节专属的微博话题、微信公众号推文以及抖音短视频等,提前发布演出阵容、节目亮点、艺人介绍等信息,吸引校内外音乐爱好者的关注。同时,设置线上互动环节,如投票选出最期待的表演节目、音乐知识问答赢取音乐节门票等,激发公众的参与热情,扩大音乐节的知名度与影响力。

其次,在音乐节现场,引入实时互动技术。例如,设置大屏幕互动墙,观众可以通过手机扫码发送祝福语、点歌请求、实时评论等信息,这些内容会即时显示在大屏幕上,实现观众与舞台表演的互动交流。此外,还可以开展线上直播活动,让无法亲临现场的师生和社会音乐爱好者能够通过网络平台同步观看音乐节演出,并且在直播过程中设置线上打赏、弹幕互动等功能,增强线上观众的参与感与黏性。

最后,音乐节结束后,通过新媒体平台发布精彩回顾视频、照片集以及观众的反馈与评价等内容,延续音乐节的热度,进一步传播校园音乐文化,使校园音乐节成为高校文化品牌活动的一张亮丽名片。

2. 艺术展览的数字化展示与体验创新

艺术展览是高校文化艺术教育与交流的重要载体。借助数字技术,可以突破传统展览的时空限制,为观众带来全新的展示与体验方式。

在展览筹备阶段,利用数字化手段对展品进行高清拍摄、三维建模等处理,构建展品的数字档案。通过校园官方网站、艺术展览 App 等平台,提前发布展品信息、展览导览、艺术家介绍等内容,让观众在观展前对展览有初步的了解与期待。

在展览现场,设置数字化展示区域。例如,利用虚拟现实(VR)或增强现实(AR)技术,观众可以通过佩戴设备身临其境地感受艺术作品的创作背景、细节与意境,实现与艺术品的深度互动。同时,提供多媒体导览设备,使观众可以根据自己的兴趣与节奏获取展品的详细讲解、相关艺术家的创作故事以及同类作品的对比分析等信息,提升观展体验的丰富性与深度。

此外,开展线上展览同步活动。将展览中的部分精品作品通过网络平台进行数字化展示,设置线上留言评论、分享转发等功能,促进观众之间的交流与互动,扩大展览的传播范围与受众群体。通过艺术展览的数字化展示与体验创新,不仅能够提升校园艺术展览的品质与影响力,还能为艺术教育与文化传播提供新的途径与方法。

3. 科技文化节的媒体宣传创意

科技文化节是高校展示科技创新成果与科技文化氛围的重要平台。在媒体宣传方面,需要运用富有创意的策略来吸引更多人的关注与参与。

在宣传内容策划上,突出科技文化节的创新性与前沿性。制作系列科普短视频,介绍科技文化节中的重点项目、科研成果展示、科技竞赛亮点等内容,以通俗易懂且富有吸引力的方式向公众传播科技知识与创新理念。例如,通过动画演示、实验展示等形式讲解一些高科技成果的原理与应用,使复杂的科技知识变得生动有趣。

利用社交媒体平台的传播优势,开展话题互动活动。如发起"科技改变校园生活"话题讨论,鼓励师生分享自己在校园中感受到的科技魅力与应用场景,吸引更多人参与话题讨论,提高科技文化节的话题热度与关注度。同时,邀请科技领域的知名博主、网红等参与科技文化节的宣传推广,借助他们的影响力扩大活动的传播范围[①]。

在科技文化节现场,设置媒体采访区与直播区域。安排专业媒体人员对科技成果展示者、科研团队负责人、科技竞赛参与者等进行采访报道,及时传播他们的创新故事与心得体会。通过网络直播平台对科技文化节的开幕式、重点项目演示、科技竞赛决赛等环节进行直播,让更多观众能够实时了解科技文化节的精彩内容,激发公众对科技创新的兴趣与热情,促进高校科技文化的传播与交流。

4. 社团文化活动的视频化记录与传播

高校社团文化活动丰富多彩,是校园文化多样性的重要体现。通过视频化记录与传播,可以让更多人了解社团文化活动的魅力与价值。

在社团活动开展过程中,安排专业的视频制作团队或社团成员进行拍摄记录。运用多机位拍摄、航拍等技术手段,全面、生动地记录社团活动的精彩瞬间,如社团文艺演出的精彩节目、社团体育竞赛的激烈场面、社团志愿服务活动的感人场景等。

拍摄完成后,对视频素材进行精心剪辑与制作,添加字幕、音乐、特效等元素,制作成高质量的社团文化活动视频。通过校园官方网站、社交媒体平台、校园电视台等渠道进行

---

① 薛小庆,梅高强. 民办高校融媒体矩阵的构建[J]. 新闻前哨,2024(20):15-17.

发布与传播。例如：在微信公众号上开设"社团风采"专栏，定期推送优秀社团文化活动视频；在抖音平台上创建社团账号，发布短视频展示社团活动的亮点与特色，吸引更多校内外用户的关注与点赞。

同时，鼓励社团成员积极参与视频制作与传播过程，培养他们的媒体素养与创新能力。通过社团文化活动的视频化记录与传播，不仅能够展示社团文化的活力与魅力，还能促进社团之间的交流与合作，提升高校社团文化的整体影响力与知名度。

三、文化创新激励机制

1. 校园媒体创作大赛对文化创新的推动

校园媒体创作大赛是激发师生文化创新热情的有效方式。大赛可以设置多种创作类别，如新闻报道、摄影作品、短视频制作、动画设计、文学创作等，鼓励师生围绕校园文化、校园生活、社会热点等主题进行创作。

在大赛组织过程中，通过校园官方网站、社交媒体平台、校园广播等媒体渠道进行广泛宣传推广，吸引师生积极参与。同时，邀请专业的媒体人士、文化学者等组成评委团队，对参赛作品进行公正、专业的评审。

参赛作品的创作过程本身就是一种文化创新实践。师生们需要运用自己的创意与才华，挖掘校园文化中的新元素、新故事，采用新的表现形式与手法进行创作。例如：在短视频制作中，尝试运用新的拍摄技术、剪辑风格与叙事方式来展现校园文化特色；在文学创作中，探索新的题材、体裁与写作风格来表达对校园生活的感悟与思考。

大赛结束后，对优秀作品进行展示与表彰。通过校园媒体平台发布获奖作品名单、作品展示视频或文章等内容，让更多师生能够欣赏到优秀的创作成果，激发他们的创作灵感与竞争意识，从而推动校园文化创新的持续发展。

2. 新媒体工作室在文化创新中的作用

新媒体工作室作为高校媒体资源管理与运营的重要力量，在校园文化创新中发挥着独特的作用。

新媒体工作室汇聚了一批具有媒体专业知识、技术技能与创新思维的师生团队。他们能够紧跟数字时代媒体发展的潮流，积极探索新媒体技术在校园文化传播与创新中的应用。例如，利用新媒体平台开发校园文化互动游戏、校园文化虚拟体验项目等，为师生提供全新的文化体验方式。

新媒体工作室还承担着校园文化内容的创意策划与制作任务。他们深入挖掘校园文化资源，结合社会热点与师生需求，策划制作出一系列具有创新性与吸引力的新媒体内容，如创意短视频、网络直播节目等。这些内容通过新媒体平台的传播，能够迅速吸引师生的关注与参与，激发校园文化创新的活力与氛围。

此外，新媒体工作室还为师生提供了文化创新实践的平台与机会。鼓励师生参与新媒体作品的创作与制作过程，在实践中培养他们的新媒体素养与创新能力，促进校园文化创新人才的培养与成长。

3. 师生文化创新成果的媒体展示平台

建立师生文化创新成果的媒体展示平台是激励文化创新的重要举措。

校园官方网站可以设置专门的文化创新成果展示板块，分类展示师生在学术研究、艺术创作、科技创新、文化活动策划等方面的优秀成果。例如，展示教师的科研论文、科研项目成果转化案例，展示学生的优秀毕业设计作品、艺术创作作品、科技创新竞赛获奖作品等。通过文字介绍、图片展示、视频演示等多种方式，全面、生动地呈现师生的文化创新成果。

社交媒体平台也是重要的展示渠道。在微博、微信公众号等平台上开设文化创新成果展示专栏，定期推送优秀成果介绍文章、图片集或短视频等内容，吸引更多校内外用户的关注与点赞。同时，利用社交媒体平台的互动功能，鼓励用户对展示成果进行评论、分享与交流，扩大成果的传播范围与影响力。

此外，校园电视台可以制作文化创新成果专题节目，深入报道师生的创新故事、创新过程与创新成果，通过电视媒体的传播，让更多师生能够直观地了解到校园文化创新的实践与成果，激发他们的创新热情与积极性。

4. 跨专业文化创新项目的媒体资源支持

跨专业文化创新项目是高校文化创新的重要形式，它能够整合不同专业的知识、技能与人才资源，产生创新性的文化成果。高校媒体资源在跨专业文化创新项目中提供了有力的支持。

在项目筹备阶段，媒体资源可以用于项目的宣传推广与团队组建。通过校园官方网站、社交媒体平台等发布项目招募信息，吸引不同专业的师生参与项目。同时，利用媒体平台展示项目的创意理念、预期成果等信息，争取更多的资源支持与关注。

在项目实施过程中，媒体资源为项目提供了信息传播与交流的平台。项目团队可以利用校园媒体平台发布项目进展情况、阶段性成果展示等内容，促进团队成员之间的沟通与协作，同时也让更多师生能够了解项目的实施过程与创新点。

在项目成果展示阶段，媒体资源更是发挥着关键作用。通过校园媒体平台对跨专业文化创新项目的最终成果进行全面展示与宣传推广，提高项目成果的知名度与影响力。例如，制作项目成果展示视频、举办项目成果发布会并进行网络直播等，让更多校内外人士能够了解项目的创新性与应用价值，为跨专业文化创新项目的持续发展提供动力与支持。

参考文献

［1］匡文波.新媒体概论[M].3版.北京:中国人民大学出版社,2019.
［2］彭兰.网络传播概论[M].4版.北京:中国人民大学出版社,2017.
［3］尼葛洛庞帝.数字化生存[M].胡泳,等译.海口:海南出版社,1996.
［4］胡正荣,周亭.新媒体前沿:人工智能与虚拟现实(2016—2017)[M].北京:社会科学文献出版社,2017.
［5］喻国明.媒介革命:互联网逻辑下传媒业发展的关键与进路[M].北京:人民日报出版社,2015.
［6］匡文波.新媒体理论与技术[M].北京:中国人民大学出版社,2014.
［7］曼纽尔·卡斯特.网络社会的崛起[M].3版.夏铸九,王志弘,等译.北京:社会科学文献出版社,2006.
［8］保罗·莱文森.新新媒介[M].何道宽,译.上海:复旦大学出版社,2011.
［9］邵培仁,陈兵.媒介管理学概论[M].北京:高等教育出版社,2010.
［10］陈刚,等.新媒体与广告[M].北京:中国轻工业出版社,2002.
［11］黄升民,等.数字化时代的中国广电媒体[M].北京:中国轻工业出版社,2003.
［12］李良荣.网络与新媒体概论[M].北京:高等教育出版社,2014.
［13］郭庆光.传播学教程[M].2版.北京:中国人民大学出版社,2011.
［14］张文俊.数字新媒体概论[M].上海:复旦大学出版社,2009.
［15］陆小华.新媒体观:信息化生存时代的思维方式[M].北京:清华大学出版社,2008.
［16］胡泳.众声喧哗:网络时代的个人表达与公共讨论[M].桂林:广西师范大学出版社,2008.
［17］杜骏飞.网络传播概论[M].3版.福州:福建人民出版社,2008.
［18］熊澄宇.新媒介与创新思维[M].北京:清华大学出版社,2001.
［19］支庭荣.媒介管理[M].2版.广州:暨南大学出版社,2000.
［20］谢新洲.媒介经营与管理[M].北京:北京大学出版社,2011.
［21］钟瑛.网络传播伦理[M].北京:清华大学出版社,2005.
［22］严三九.新媒体概论[M].北京:化学工业出版社,2011.
［23］钟瑛.网络传播导论[M].2版.北京:中国人民大学出版社,2016.
［24］王长潇.新媒体论纲[M].广州:中山大学出版社,2009.
［25］孙玮.新媒体与都市社会的互动[M].上海:复旦大学出版社,2018.
［26］董天策.网络新闻传播学[M].3版.福州:福建人民出版社,2009.
［27］陈卫星.传播的观念[M].北京:人民出版社,2004.
［28］刘海龙.大众传播理论:范式与流派[M].北京:中国人民大学出版社,2008.
［29］张咏华.媒介分析:传播技术神话的解读[M].上海:复旦大学出版社,2002.
［30］殷晓蓉.网络传播文化历史与未来[M].北京:清华大学出版社,2005.
［31］陈绚.数字化时代的新闻理论与实践[M].北京:新华出版社,2002.

[32] Jenkins H. Convergence culture: where old and new media collide[M]. New York: New York University Press, 2006.

[33] Castells M. The rise of the network society[M]. New York: Wiley, 1996.

[34] Lessig L. Code and other laws of cyberspace[M]. New York: Basic Books, 1999.

[35] Levine S, McLuhan M. Understanding media: the extensions of man[J]. American Quarterly, 1964, 16(4): 646.

[36] Bolter J D, Grusin R. Remediation: understanding new media[M]. MA: MIT Press, 1999.

[37] Manovich. The language of new media[M]. MA: MIT Press, 2002.

[38] Rheingold H. Thevirtual community: Homesteading on the electronic frontier[M]. New York: Harper Collins Publishers, 1994.

[39] Galloway A R. Protocol: how control exists after decntralization[M]. MA: MIT Press, 2004.

[40] Henry Jenkins R P. Confronting the Challenges of Participatory Culture, Media Education for the 21st Century[M]. MA: MIT Press, 2009.

[41] Shirky C. Here comes everybody: the power of organizing without organizations[M]. New York: Penguin Press, 2008.

[42] Lanham R A. The economics of attention: style and substance in the age of information[M]. Chicago: University of Chicago Press, 2006.

[43] Fuchs C. Social Media: A Critical Introduction[M]. London: SAGE Publications Ltd, 2014.

[44] Couldry N, Hepp A. The mediated construction of reality[M]. Cambridge, UK; Malden, MA: Polity Press, 2017.

[45] Hall S. Representation: Cultural representations and signifying practices[M]. London: SAGE Publications Ltd, 1997.

[46] Deuze M. Media work[M]. Newjersey: Wiley-Blackwell, 2007.

[47] Napoli P M. Audience evolution: new technologies and the transformation of media audiences[M]. New York: Columbia University Press, 2011.